당신의 부르심은 무엇인가?

Discovering Your Destiny
How to know God's will for your life

Floyd McClung, Jr.
with Geoff and Janet Benge

Copyright © Floyd McClung, Jr.
Originally published under the title
Discovering Your Destiny
All rights reserved.

Korean Translation Copyright © 1992, 2002 by YWAM Publishing, Korea

당신의 부르심은 무엇인가?

플로이드 맥클랑
예수전도단 옮김

예수전도단

◻ 감사의 글 ◻

이 책을 집필하는 데 많은 조언과 격려를 아끼지 않았던 제프(Geoff)와 자넷 벤지(Janet Benge)에게 깊은 감사를 표하는 바입니다. 제프와 자넷은 저의 믿음직스러운 친구이자 훌륭한 동역자입니다.

이 책에 담긴 많은 생각들은 네덜란드의 보즈만과 몬타나, 암스테르담 등지의 모임에서 나눈 대화 중에 모아진 것들입니다.

이 책이 나오기까지 아낌 없는 지원과 우정을 나눈 제프와 자넷, 이들에게 진심으로 감사와 사랑의 마음을 전합니다.

플로이드 맥클랑

□ 저자 서문 □

나의 부르심은 무엇인가?

 12살 난 딸, 미샤(Misha)가 여름수련회에서 만난 조장이 사람마다 특별한 삶의 부르심이 있다고 했단다. "아빠, 나의 부르심은 뭐예요?" 암스테르담의 어느 아름다운 자갈길을 거닐면서 딸아이가 이렇게 물었다. 그래서 우리는 오후 내내 우리 삶에 대한 하나님의 부르심은 무엇이며 그것은 어떻게 알 수 있는지 이야기를 나누었다.
 이와 같이 우리 모두는 하나님께서 우리 앞날에 예비해 두신 것이 무엇인지 알고 싶어한다. 하나님의 뜻을 발견하기 위해 어느 정도의 시간이 필요한지, 찾기 쉽고 명료한 것인지 묘연하기만 하다. 이것은 누구와 결혼하며, 어떤 직업을 갖고, 어디에 살며, 어떤 사역을 할지 등등 우리 삶의 모든 것에 영향을 미칠 것이다.
 수많은 선택이 존재하는 세상에서 그리스도인으로서 우리가 나아가야 할 방향을 찾는 것은 쉽지 않다. 우리 앞에는 열

린 문들이 많이 있고 안타깝지만 닫힌 문도 더러 있다. 그러나 하나님은 무엇보다도 우리가 결정하고 선택한 방향에 따라 우리를 인도하신다는 사실을 알아야 한다.

이 책에 담긴 원리들은 하나님이 당신의 삶을 위해 예정하신 부르심이 무엇인지 발견하는 데 도움을 줄 것이다. 이러한 원리들은 나 자신의 경험과 함께 사역한 사람들의 삶을 통해 얻어진 것들이다. 이것은 당장 실천할 수 있는 원리들이다.

나는 하나님의 인도하심을 굳게 믿는다. 성경은 하나님이 우리가 하는 매일의 선택에 관심이 있으시며, 특히 중요한 선택을 해야 할 때마다 우리를 위해 특별한 계획을 갖고 계신다고 기록하고 있다. 우리를 향한 하나님의 계획은 모든 사람에 대한 하나님의 경륜으로부터 비롯되어(엡 1:11), 우리 한 사람 한 사람에게 특별한 목적을 가지시는 데까지 연결된다(사 46:11, 시 40:5, 행 16:6). 성경은 흔히 하나님의 뜻을 행하는 것에 대하여 말할 때마다 두 가지 측면에서 언급하는데, 하나는 하나님의 일반적인 원리 원칙에 순종하는 것이고, 다른 하나는 특별히 하나님께서 그분을 위해 하기 원하시는 일에 순종하는 것이다(시 40:8, 롬 12:1-2, 고후 1:17, 롬 15:28-29, 행 13:2, 삼하 5:19).

하나님은 우리를 신실하게 인도하심으로써 우리에게 훨씬 더 많은 것을 깨닫게 하신다. 하나님의 성품과 방법에 대해 많은 것을 가르쳐 주고 싶어하신다. 시편 32편 8절은 우리를 향하신 하나님의 축복과 계획을 하나라도 놓치는 일이 없이 다 이루시기 위해 하나님이 우리를 주목하신다고 말씀한다. 하나님은 우리가 원하는 것보다 더 우리가 하나님의 뜻을 행하기를 원하신다.

당신의 삶에 대한 하나님의 부르심은 무엇인가?

차례

감사의 글 · 5
저자 서문 · 6

일반적인 하나님의 뜻 · 11
충성된 자를 부르신다 · 35
각자의 성격과 재능을 고려하신다 · 49
특별한 인도하심 · 61
마음을 열고 순종할 때 · 83

일반적인 하나님의 뜻

Discovering Your Destiny

하나님의 말씀에 순종하는 것은 믿음의 기초를 놓는 것이다.

  도시의 높은 빌딩 사이로 펼쳐진 하늘을 본 적이 있는가? 번쩍거리는 유리벽과 육중한 콘크리트 기중이 어우러져 하늘 높이 보이는 빌딩의 그 화려한 색채가 하늘과 대조를 이루는 모습은 장관이다. 뾰족하게 치솟은 빌딩마다 곧게 뻗은 철강 프레임과 그 사이를 메우고 있는 시멘트벽들…. 번쩍이는 유리로 싸여 있어 눈에 띄지는 않지만 철강 프레임은 그 안에 엄연히 존재한다. 만약 그 프레임이 없었다면 빌딩은 산산이 흩어진 유리더미에 불과할 것이다.

  하나님의 인도하심을 받는 것도 이와 같다. 하나님의 특별한 인도하심은 마치 고층 빌딩의 유리나 다름없다. 유리는 필요한 것이지만 그 자체로는 빌딩을 지지할 수 없다. 그것을 받쳐 주는 내부 구조가 있어야 하는 것이다. 마찬가지로 그리스도인의 삶에도 지지대가 필요하다. 경건한 성품과 하나님의 말씀에 계시된 진리에 순종하는 생활이 바로 그리스도인의 지지대인 것이다. 우리의 삶 속에는 굳이 기도하지 않아도 되는 일들이 많다. 다만 무엇인지 깨닫고 순종하는 것만이 필요할 뿐이다. 우리의 삶에 대한 하나님의 뜻은 대부분 성경에 이미 계시되어 있다.

성경은 우리의 개인적인 여건이나 환경에 관계 없이 우리를 향한 하나님의 뜻을 보여 주는 여러 가지 원칙과 진리를 계시하고 있다. 이와 같은 원리 원칙에 따라 하나님께 순종하는 것은 그분의 뜻을 더 깊이 알기 위해 선행되어야 하는 필수 조건이다. 장래에 대한 하나님의 뜻을 알려면 먼저 이미 알고 있는 하나님의 뜻에 순종해야 하는 것이다.

우리 삶에 대한 하나님의 계획과 목적이 성경에 어떻게 나와 있는지 더 자세히 살펴보기를 원하는가? 그렇다면 우선 노트를 준비해서 각 장의 맨 위에 삶의 각 영역에 대한 성경구절을 적어 보라. 그리고 현재 각 영역에서 하나님의 뜻을 따르고 있는지 보여 주시도록 하나님께 기도하라. 다시 노트로 돌아가서 말씀을 보고 내가 지난 6개월에 비해 하나님과 더 가까워졌는지 자문해 보도록 하라.

주 예수를 믿는 것

"그의 계명은 이것이니 곧 그 아들 예수 그리스도의 이름을 믿고…" (요일 3:23).

하나님께 대한 신앙과 그의 아들 예수 그리스도를 믿는 믿음은 성경이 말하는 가장 근본적인 진리다. 따라서 이것이 없이는 결코 그리스도인이라 말할 수 없을 것이다. 실제로 초대교회의 그리스도인들은 '믿는 자'로 불려졌다. 예수님이 말씀하신 것과 그분이 행하신 일을 듣고 사도들과 다른 목격자들의 편지를 읽고서 믿었던 것이다.

빌립보의 간수가 "내가 어떻게 하여야 구원을 얻으리이까"라고 물었을 때, 바울은 "주 예수를 믿으라 그리하면 너와 네 집이 구원을 얻으리라" (행 16:30-31)고 명확하게 말했다. 주 예수께 대한 믿음이야말로 우리 그리스도인의 신앙의 기초석이며, 우리 삶을 향한 하나님의 뜻임을 결코 잊어서는 안 된다. 하나님은 우리 각자와 교제를 갖기 원하신다. 그리고 이것이 하나님의 아들을 세상에 보내신 이유다.

자신을 100% 드리는 것

"그러므로 형제들아 내가 하나님의 모든 자비하심으로 너희를 권하노니 너희 몸을 하나님이 기뻐하시는 거룩한 산 제사로 드리라 이는 너희의 드릴 영적 예배니라"(롬 12:1).

하나님의 뜻에 순종할 것인지를 결정하기 위해 하나님의 뜻을 알고 싶어하는 사람들이 많다. 이들은 '하나님에 대해서 주의할 점을 미리 알려 주십시오. 나는 양쪽 얘기를 다 듣고 싶습니다. 그 후에 하나님의 뜻대로 살 것인지 결정해서 알려 드리겠습니다'라고 말한다.

그러나 하나님은 우리가 아무 조건 없이 전적으로 헌신하기를 바라신다. 그리고 우리에게 그렇게 전적인 헌신을 요구하시는 것은 하나님의 약속이 그만큼 확실하기 때문이다. 우리는 양쪽의 가능성을 똑같이 따져볼 수 없다. 단지 교만이 그와 같은 어리석음을 범하게 한다. 우리는 유한한 존재지만 하나님은 무한하신 분이다. 우리는 이리저리 흔들리는 사람이지만 하나님은 한결같은 분이다. 우리는 지음을 받은 존재이나 하나님은 창조주다. 하나님은 흠 없으신 분이지만 우리는 죄인이다. 그러므로 하나님은 우리에게 그분의 뜻에 순복하도록 요구하실 수 있다. 하나님은 지혜로우신 유일한 하나님이시다. 따라서 우리가 어떤 처지에 있든지 우리에게 가장 좋은 것이 무엇인지 알고 계신다. 우리에게 언제나 은총과 자비를 베풀고자 하시는 것이 하나님의 뜻이다. 하나님은 우리를 위해 계신다. 결코 우리를 대적하시는 분이 아니다(롬 8:28-32). 모든 사람들이 구원에 이르기를 간절히 원하시며 한 사람 한 사람 모두 장성한 분량까지 자라나기를 바라신다. 하나님의 놀라운 성품으로 인하여 우리는 하나님을 의지할 수 있으며, 그의 성품과 우리 삶에 대한 그분의 뜻에 대하여 온전히 신뢰할 수 있다.

하나님은 우리 삶의 전부를 원하신다. 하나님의 하나님 되심과 십자가에서 행하신 것에 대해 사랑과 감사를 드리기를 원하신다. 신앙은 한가롭게 천천히 헌신하거나, 오늘은 51%, 내년에는 61%, 이렇게 매년 증가시켜 마침내 100% 헌신을 이룩하는 민주주의 제도가 아니다. 만일 우리가 "여기까지만 우리 삶을 주관하실 수 있습니다"라는 식으로 명령한다면, 사실상 우리는 아무것도 드리지 않은 셈이다. 설사 99%를 드렸다 해도 여전히 스스로 자신의 삶을 통제하고 있는 것이다. 우리 삶을 주님께 100% 드렸다고 해서 우리가 완전한 사람이 되었다는 말은 아니다. 이것은 곧 우리 자신의 삶을 주님께 온전히 드렸다는 것이다. 하나님이 우리에게 듣기 원하시는 고백은 "어떤 것, 어느 때, 어떤 곳에서도 주님을 의지합니다. 말씀만 하시면 순종하겠습니다"라는 것이다. 하나님이 이 고백을 들으실 때에야 비로소 그분은 우리 삶에 대한 특별한 계획을 가지고 우리를 온전히 인도하실 수 있다.

잃어버린 자를 사랑하는 것

"주의 약속은 어떤 이의 더디다고 생각하는 것같이 더딘 것이 아니라 오직 너희를 대하여 오래 참으사 아무도 멸망치 않고 다 회개하기에 이르기를 원하시느니라"(벧후 3:9).

하나님은 모든 사람이 다 복음을 듣고 구원에 이르기를 간절히 바라신다. 이러한 하나님의 뜻을 이루기 위해 우리는 무엇을 하고 있는가? 복음을 전하는 것은 몇몇 사역자에게만 주어진 임무가 아니다. 모든 그리스도인들이 담당해야 할 임무다.

복음을 전하는 데 별 어려움을 느끼지 않는 사람들이 있다. 이들은 거리로 나가 복음을 전한다든지, 직장에서 공공연하게 기도를 한다든지, 지하철에서 사람들에게 전도지를 나눠주는 등 아주 자연스럽게 전도한다. 그러나 대부분의 사람들은 이렇게 하지 못한다. 그렇지만 우리는 이웃에게 주님의 사랑을 전해야 한다.

하나님은 우리를 각각 독특하게 지으셨다. 각자에게 개성을 주신 것이다. 그러므로 각자 개성에 따라 복음을 전하는 방법을 개발하지 않으면 안 된다. 물론 우리 모두 거리로 나가서 복음을 전할 수는 없다. 그러나 그런 사람들을 위해 기도할 수는 있다. 전도지를 들고 나서기가 쑥스럽다면 전도하러 나가는 사람들을 위해 전도지를 접어 줄 수는 있다. 어떻게 보면 전도지를 들고 거리로 나가 전도하기보다는 직장 동료에게 복음을 전하는 것을 하나님이 원하실 수도 있고, 친구에게 기독교 잡지나 테이프를 선물함으로써 전도할 수도 있다. 이와 같이 복음을 전하는 데는 매우 다양하고 창조적이며 효과적인 방법들이 많다. 그러므로 우리에게 알맞은 방법을 보여 주시도록 하나님께 간구해야 한다.

내가 현재 일하고 있는 선교 단체인 예수전도단(Youth With A Mission)은 전도를 강조하는 곳이다. 우리 모두가 전도에 천부적인 소질이 있다는 말은 아니다. 그렇지만 각자 나름대로 선교에 있어서 복음 전도를 도와 주고 활성화시키는 일을 한다. 어떤 사람은 드라마 팀을 위해 저녁을 준비하고,

어떤 사람은 해외 전도여행에 나갈 사람을 일으키기 위해 소책자를 만들어 낸다. 한편에서는 재정 장부를 정리하고 일과표를 검토하기도 한다. 만약 이런 사람들이 없었다면 모든 선교 활동은 마비되고 일시에 무너졌을 것이다.

지역 교회도 마찬가지다. 모두가 다 교회학교를 맡는다든지 전도일선에 나갈 수는 없다. 하지만 각자 맡은 역할이 있다. 주일 아침마다 동네 아이들을 교회로 데려다 주기만 해도 많은 아이들이 교회학교에 나올 것이다. 목회자가 일일이 모든 사람들을 찾아다니며 교회에 나오도록 초청할 수는 없다. 하지만 교회의 모든 사람들이 협력함으로써 회심의 가능성이 있는 사람들이 들어올 수 있도록 할 수는 있다.

우리 모두가 전도의 다양한 영역에서 하나님의 뜻을 이루기 위해 하나님이 기회를 주시도록 기도하고 청해야 한다. 단념하지 마라. 당신 나름대로 방법을 가지고 할 수 있다. 그리고 계속 도전해야 한다.

그리스도 안에서 선한 일을 하는 것

"우리는 그의 만드신 바라 그리스도 예수 안에서 선한 일을 위하여 지으심을 받은 자니 이 일은 하나님이 전에 예비하사 우리로 그 가운데서 행하게 하려 하심이니라"(엡 2:10).

야고보는 행함이 없는 믿음은 죽은 믿음이라고 말했다. 믿음은 우리 그리스도인의 생활 중 내적인 부분에 속한다. 눈으로 모든 것을 볼 수 없다. 따라서 선한 일이 없다면 사람들은 우리의 믿음 상태를 볼 수 없을 것이다.

믿음은 나무로 말하면 뿌리에 해당하고 행위는 그 열매라 할 수 있다. 어떤 나무가 건강한 나무인지 알기 원할 때 땅을 파서 뿌리를 보지 않는다. 나무 열매를 보고 판단하는 것이다. 만일 열매가 없다면 뿌리는 병들었거나 죽은 것이다. 이와 같이 그리스도인으로서 우리의 삶 속에 선한 일이 없다면 우리의 믿음은 아주 형편없는 것이다. 만일 그렇다면 우리는 빨리, 아주 죽어 버리기 전에 조치를 취해야 한다.

우리는 하나님이 주신 상황 속에서 선한 일을 하고 있는가? 선한 일이라고 해서 거창할 필요는 없다. 친구의 아이를 돌봐 주거나 기온이 떨어진 날 아침, 이웃집 차의 시동을 걸어 주는 일 등 작지만 값진 일들도 많이 있다. 이웃을 섬길 수 있는 기회를 얻도록 하라. 주님의 이름으로 선한 일을 하기 바란다. 만약 그런 마음이 생기지 않는다면 성령께 당신의 믿음의 뿌리를 있는 그대로 보여드리고 그분이 만지시도록 해야 할 것이다.

우리가 영적으로 성장하는 것

"이러므로 너희가 더욱 힘써 너희 믿음에 덕을, 덕에 지식을, 지식에 절제를, 절제에 인내를, 인내에 경건을, 경건에 형제 우애를, 형제 우애에 사랑을 공급하라"(벧후 1:5-7).

신학 사상 가운데 어떤 극단적인 신학은 주님이 우리의 삶에 들어오셔서 우리 안에서 관망하시다가 우리를 하늘로 데리고 올라가실 때까지 기다리는 것이라고 주장한다. 그러나 위에 있는 베드로후서 말씀은 분명 이와 같은 신학을 지지하지 않는다. 우리는 믿음과 지식과 절제에 인내와 형제 우애를 더욱 증진시키는 데 모든 노력을 기울이지 않으면 안 된다.

우리는 종종 자신의 영적 성장과 영적 자립을 책임지고 맡아 줄 사람을 찾아 헤맨다. 하지만 자신의 믿음을 지탱하기 위해 언제까지 목회자나 다른 지도자들을 의지할 수는 없다. 어떤 그리스도인은 주일마다 연명하며 살아간다. 그들은 의욕을 가지고 한 주일을 시작하지만 토요일쯤 그 열정은 완전히 사그라들고 이튿날 충전을 받기 위해 힘없는 걸음으로 다시 교회를 찾아간다. 초신자라면 이해할 수 있는 일이지만 그렇지 않은 사람에게 이런 상태가 계속된다면 뭔가 잘못돼도 한

참 잘못된 것이다.

바울은 '말씀의 젖'과 '밥'을 비교해서 말씀하고 있다. 어린아이에게는 젖먹일 사람이 필요한 것처럼 초신자에게는 성경의 진리를 이해하고 깨달을 수 있도록 도와 주는 사람이 필요하다. 우리 주위에는 스스로는 먹을 수 없는 발육이 부진한 어른들이 많이 있다. 갓난아기의 천연스럽고 앙증맞은 행동을 어른이 되어서도 여전히 지속한다면 참으로 애처롭고 불쌍한 노릇이다. 안타깝게도 '자신의 믿음을 성숙시키기 위해 모든 노력'을 기울이지 않는 그리스도인들이 있다. 이들은 영적 성장이 매우 부진한 사람들이다.

기도와 성경공부는 믿음이 성장하는 데 중요한 역할을 한다. 하나님은 성경을 통해 당신을 계시하신다. 그리고 우리는 기도를 통해 하나님께 우리의 문제를 가지고 직접 나아갈 수 있다.

우리는 기도하는 법과 중보기도하는 법을 배워야 한다. 개인 기도생활을 하도록 도와 주는 훌륭한 책들이 우리 주변에 많이 있다. 우리는 영적 성장을 위한 책을 많이 읽고 배워야 한다.

성경공부를 하는 것도 좋은 방법이다. 성경 권별로, 또는 주

제별로 공부할 수 있도록 꾸며진 책들이 다양하게 있다. 따라서 각기 다른 방법으로 접근해 보고 가장 도움이 될 만한 책을 선택해 공부해 보기 바란다. 규칙적인 성경공부를 시작한다면, 주님과 더 친밀하고 안정감 있는 교제를 갖게 될 것이다. 또한 성경을 신뢰하게 되고 성경 안에서 삶의 해결책을 찾게 될 것이다.

하나님은 우리가 새 생명을 풍성히 누리기를 원하신다. 우리가 스스로 먹을 수 있는 영적으로 성숙된 사람이 되기를 원하시며 어떠한 역경에도 흔들리지 않는 굳건한 사람이 되기를 바라신다.

정부의 권위에 순복하는 것

"인간에 세운 모든 제도를 주를 위하여 순복하되 혹은 위에 있는 왕이나 혹은 악행하는 자를 징벌하고 선행하는 자를 포장하기 위하여 그의 보낸 방백에게 하라 곧 선행으로 어리석은 사람들의 무식한 말을 막으시는 것이라"(벧전 2:13-15).

로스앤젤레스의 고속도로를 달리는 차를 탄 적이 있다. 그 차의 운전기사는 잘 모르는 사람이었는데 얼마 후 액셀레이터를 힘껏 밟는 것이었다. 점점 가속도가 붙자 그는 나를 힐끗

보더니 자기는 '속도 귀신'이 붙었다고 말하는 것이었다. 머지않아 경찰차가 우리 뒤에 있는 것을 보았다. 그러자 믿지 못할 일이 벌어졌는데 그 운전기사의 속도 귀신이 즉각 통제된 것이었다. 그 경찰차가 옆길로 빠질 때까지 속도 귀신은 정말 얌전해졌다. 그러나 경찰차가 옆길로 빠지자 속도 귀신은 다시 기승을 부렸다. 우스운 이야기지만 한편으로는 심각한 이야기다. 우리가 하나님을 사랑한다면 고속도로에서도 우리를 통제하는 사람들에게 순종해야 하는 것이다.

정부 권위가 올바르고 이기적인 것이 아니라면 우리는 순복할 수 있다. 그러나 만일 세상의 법이 하나님의 법과 상충된다면 어떻게 하겠는가? 그렇다면 우리는 세상의 법률보다도 하나님의 법을 우선 순위에 두어야 마땅하다. 절대적인 순종이란 오직 하나님께만 있는 것이다. 따라서 권위를 악용하거나 남용한다면 하나님과 백성들에게 마땅히 심판받아야 한다.

하나님의 법에 순종하는 것이 인간들이 세운 법률에 위배될 수도 있다. 아니면 정부 당국자들이 요구하는 바와 맞지 않을 수 있다. 그리스도인으로서 불의와 부정부패, 편견과 음란, 압제와 기타 죄악에 우리는 맞서야 한다. 그러나 사랑을 가지고 해야 한다. 왜냐하면 성경은 원수까지도 사랑하라고 명령하고 있기 때문이다(눅 6:32-36). 이것이 바로 기독교가 가진 힘이다. 말하자면 우리는 우리를 대적하는 모든 사람들을 용서하는 동시에, 그들의 악과 부패한 제도에 대하여는 복종하지 않으며 온유한 태도를 견지하고 사랑으로 저항하며 이에 맞서 완강히 거절하는 것이다.

고난과 역경 속에서 성장하는 것

"내 형제들아 너희가 여러 가지 시험을 만나거든 온전히 기쁘게 여기라 이는 너희 믿음의 시련이 인내를 만들어 내는 줄 너희가 앎이라 인내를 온전히 이루라 이는 너희로 온전하고 구비하여 조금도 부족함이 없게 하려 함이라"(약 1:2-4).

어려움에 처하게 되었을 때, 우리는 흔히 '내가 지금 참으로 하나님의 뜻 가운데 있는가?' 하는 의문을 갖는다. 그러나 이러한 어려움을 전적으로 하나님의 뜻으로 알고 감수해야만 하는 때가 있다. 그리스도인의 삶 속에서 하나님은 우리의 인격을 다듬는 하나의 방법으로서 이러한 어려운 상황을 사용하신다. 이러한 역경이 없이는 결코 성숙한 그리스도인이 될 수 없기 때문이다. 성숙한 그리스도인이 되는 데 '안락의자와 같은 과정'은 절대로 없다. 온갖 역경을 통과해야만 한다. 그러므로 우리는 영적 근육을 단련시키기 위한 갖가지 난관과 고난을 기꺼이 받아들이는 법을 배워야 하는 것이다. 이러한 고난의 시간은 꼭 필요하며 이를 결코 피해서는 안 된다. 편안한 생활을 할 수 있게 해 달라고 기도하지 마라. 도리어 견고한 그리스도인이 될 수 있도록, 강건함을 주시도록 기도하라.

"내 아들아 주의 징계하심을 경히 여기지 말며 그에게 꾸지람을 받을 때에 낙심하지 말라 주께서 그 사랑하시는 자를 징계하시고 그의 받으시는 아들마다 채찍질하심이니라" (히 12:5-6).

"누구든지 이 여러 환난 중에 요동치 않게 하려 함이라 우리로 이것을 당하게 세우신 줄을 너희가 친히 알리라" (살전 3:3).

이기적인 욕망보다는 성령을 좇는 것

"그 후로는 다시 사람의 정욕을 좇지 않고 오직 하나님의 뜻을 좇아 육체의 남은 때를 살게 하려 함이라" (벧전 4:2).

우리는 삶에 있어서 두 가지 방향 중 하나를 선택하지 않으면 안 된다. 하나는 '사람의 정욕'을 따르는 것이고, 다른 하나는 '하나님의 뜻'을 따르는 것이다. 이 둘은 완전히 정반대다. 자로 말하면 한쪽 끝은 우리 마음대로 살면서 인생의 쾌락을 좇아 즐기는 것이요, 반대쪽은 하나님의 뜻에 순복하면서 하나님이 기뻐하시는 삶을 사는 것이다.

'정욕'이라 하면 주로 성과 관련시켜 생각하는데, 사실상 그 의미는 훨씬 더 포괄적이다. 정욕이란 주체할 수 없을 정도로 큰 욕구를 가리킨다. 급료가 높은 직장을 원한다거나 새 자동차나 스테레오, 아니면 또 다른 물질적인 것에 대한 욕망 따위를 말한다. 다른 사람에게 '앙갚음' 하고 싶은 마음도 이에 속한다. 이와 같은 삶이 곧 육체의 정욕을 따라 사는 삶인 것이다.

예수님은 자기를 부인하고 자기 십자가를 지고 예수님을 위해 살지 않는다면 하나님의 나라에 합당치 않다고 말씀하신다. 이 말씀은 귀에 아주 거슬리고 타협의 여지가 조금도 없어 보인다. 그렇지만 이것은 이 세상에서 우리가 가질 수 있는 유일한 대안이다. 우리가 만일 예수님을 도외시하고 계속해서 우리의 정욕을 채우기 위해 멋대로 산다면, 우리는 혼란과 좌절과 고통의 길을 걷다가 끝내 파멸하게 될 것이다.

믿지 않는 사람들은 대부분 기분 내키는 대로 살아가며 원하는 것을 좇아간다. 하지만 우리 그리스도인들은 성경에 나와 있는 진리에 따라 결정하도록 배웠다. 불신자가 그리스도인이 되면 이런 삶의 방식 때문에 심각한 내적 갈등을 겪게 된다. 만일 우리가 기분에 따라 사는 생활 방식에 익숙한 사람이었다면 그리스도인의 삶의 방식이 처음부터 좋게 느껴지지는 않았을 것이다. 그러나 모든 즐거움보다도 진리를 우위에 두고자 계속해서 노력한다면 머지않아 진리에서 오는 기쁨을 맛보게 될 것이다.

가난한 자의 권리를 옹호하는 것

"서로 돌아보아 사랑과 선행을 격려하며 모이기를 폐하는 어떤 사람들의 습관과 같이 하지 말고 오직 권하여 그날이 가까움을 볼수록 더욱 그리하자"(히 10:24-25).

정의를 행하고 자비를 사랑하는 것이 하나님의 뜻이다.

"사람아 주께서 선한 것이 무엇임을 네게 보이셨나니 여호와께서 네게 구하시는 것이 오직 공의를 행하며 인자를 사랑하며 겸손히 네 하나님과 함께 행하는 것이 아니냐"(미 6:8).

우리는 불의와 불평등이 가득 찬 세상에서 살고 있다. 하나님은 우리를 그리스도인으로 부르셔서 더 이상 가난하고 힘없는 사람들을 이용하는 일에 가담하지 않도록 하셨다(약

1:27, 5:1-6). 도리어 우리는 가난한 자의 권리를 옹호하라는 명령을 받았다(시 82:3). 그들은 힘이 없기 때문에 우리가 변호해야 하는 것이다(잠 31:9). 동시에 이 말은 가난한 자를 억누르는 자들에게 대항하라는 말과 같다. 탐욕과 압제의 희생이 되는 사람들을 반드시 옹호해야 한다.

가난은 희망을 잃어버리게 하고 주체적인 삶을 영위하는 힘마저 상실하게 만들기 때문에 가난한 사람들에게는 무관심과 소외만이 남게 된다. 사람이 게을러 보이면 쉽게 판단해 버리는데 이것은 위험한 생각이다. 게을러지는 원인 중에는 가난이나 무지, 절망감이 있을 수 있으며 잘못된 양육 탓일 수도 있다. 따라서 가난으로부터 벗어나게 하는 길에는 커다란 인내와 자비가 요구된다. 주님이 "인자를 사랑하라"고 명령하신 이유 중 하나는 바로 이 때문이다.

한편, "공의를 행하며 인자를 사랑한다"고 해서 모든 것이 다 해결되는 것은 아니다. 가난한 자들에게 접근할 때에는 그들의 필요만이 아니라 우리의 필요도 서로 나눠야 한다. 우리는 모든 사람들로부터 배워야 할 것이 많다. 우리가 이웃을 섬길 때 이들의 문제는 이런 것이니 이렇게 해결하면 되겠지 하고 단정짓는 태도를 취해서는 안 된다. 우리는 인격적인 관계라는 토대 위에서 모든 사람들을 섬겨야 한다. 사회에서 가난하고 억압받는 자들과 친구가 되는 것이 꺼려진다면 그들의 삶 속으로 들어갈 생각은 아예 하지도 마라. 좋은 일을 하기는커녕 도리어 해가 될 수 있기 때문이다.

우리를 해치는 사람을 사랑하고 용서하는 것

"아버지께서 내 안에, 내가 아버지 안에 있는 것같이 저희도 다 하나가 되어 우리 안에 있게 하사 세상으로 아버지께서 나를 보내신 것을 믿게 하옵소서 내게 주신 영광을 내가 저희에게 주었사오니 이는 우리가 하나가 된 것같이 저희도 하나가 되게 하려 함이니이다 곧 내가 저희 안에, 아버지께서 내 안에 계셔 저희로 온전함을 이루어 하나가 되게 하려 함은 아버지께서 나를 보내신 것과 또 나를 사랑하심같이 저희도 사랑하신 것을 세상으로 알게 하려 함이로소이다"(요 17:21-23).

"모든 겸손과 온유로 하고 오래 참음으로 사랑 가운데서 서로 용납하고"(엡 4:2).

관계가 깨지고 어려워졌을 때, 성경 말씀에 순종하기는 쉽지 않다. 성경은 원수를 사랑하고 핍박하는 자들을 위해 기도하라고 말한다(눅 6:32-36, 마 5:46). 우리를 해친 사람이 있다면 그를 용서하고, 상처입은 마음이 치유되고 관계가 회복되어 계속 용서할 수 있을 때까지 그렇게 하는 것이 하나님의 뜻이다. 우리는 말씀에 순종하는 마음으로 우리에게 해를 준 사람을 하나님의 사랑으로 사랑하기로 결정해야 한다.

쉽게 이루어지는 관계가 있는가 하면, 힘써 노력해야 이루어지는 관계도 있다. 사랑과 하나 됨은 결코 우연히 생기는 것이 아니다. 여러 번 반복하는 선택의 결과다. 만일 우리에게 깨어진 관계, 즉 감정적으로나 물리적으로 해를 입은 관계가 있다면 하나님은 그 관계가 속히 회복되기를 바라신다. 너무나 고통스러워서 그만 물러섰다 해도 하나님은 여전히 해를 끼친 사람들을 용서하기를 원하신다. 용서함으로써 우리는 비로소 우리 삶의 쓴뿌리로부터 해방되고, 다른 사람의 결점과 약함에 대해 관대하게 대하는 사람으로 변화될 것이다(잠 15:17-18, 16:7).

우리가 서로 사랑하고 용서하면 하나님의 사랑이 우리 삶에서 흘러나와 하나님의 살아계심을 능력 있게 증거하게 된다.

이상으로 언급한 열 가지가 우리 각자를 향하신 하나님의 뜻이다. 하나님이 우리를 사용하시거나 '특별한 임무'를 주실 때는 이미 우리에게 말씀하신 것에 대하여 우리가 과연 믿을 만한 사람인지 살펴보신다. 그러므로 우리가 하나님께 쓰임 받기를 원한다면, 또 우리 삶을 위해 정해 놓으신 계획 가운데 들어가기를 원한다면, 우리는 먼저 지금까지 살펴본 기본적인 것들을 유의해야 한다.

충성된 자를 부르신다

Discovering Your Destiny

충성이란 하나님이 문을 여실 수 있도록 돌쩌귀를 마련하는 것이다.

한 목회자가 우리 선교 단체의 어떤 지도자를 찾아와서는 다음과 같은 문제를 지적하며 푸념한 적이 있다. "예수전도단에서 사역하다 고향에 돌아온 한 젊은 부부가 어느날 우리 교회를 찾아와 경제적인 후원을 부탁했습니다. 이들은 교회가 자신들을 후원해 줄 수 있겠느냐고 묻고 나서 그렇게 해 준다면 1년간 교회를 위해 헌신하겠다고 하였습니다. 우리는 이들의 제안을 받아들였는데, 그들은 주일 아침에만 교회에 나왔습니다. 청소는 물론 주일학교, 청년회 등에서는 전혀 볼 수 없었습니다. 이것이 이들 부부가 생각하는 헌신이라는 개념이라면 이들은 선교사가 될 자격이 없는 사람이라고 생각합니다. 당신들 선교 단체의 선교사로 파송될 만한 사람이 못되기 때문에 우리는 후원하고 싶지 않습니다."

나는 이 얘기를 듣고 생각했다. '이 목회자 말이 맞다. 그들 부부는 후원을 받을 만한 사람도 못되고 선교사가 될 자격도 없는 사람들이다. 그들은 무책임한 행동을 했다. 그들은 지역 교회를 겸손하게 섬겨야 했다.'

우리는 그 문제를 다뤄야만 했다. 그래서 우리 중 한 사람이 그들 부부를 만나 그들이 행한 일을 지적해 주었다. 그리고 나서 다시 그 목회자를 찾아갔는데 그는 그들에게 다시 한번 기회를 주었다. 이 이야기는 좋은 결과로 끝났다. 그 부부는 교회에 머물러 있으면서 맡겨진 곳에서마다 열심히 봉사하였고 교회의 재정적인 후원과 축복 속에 파송되기에 이르렀다.

맡겨진 일에서 하나님을 잘 섬기지 못하면서 어떻게 다른 곳에서는 더 잘할 수 있다고 생각할 수 있겠는가? 인간의 성향은 당면한 현실을 기피하고 화려해 보이는 것을 추구하기 마련이다. 그러나 이것은 하나님의 길이 아니다. 성령의 열매를 통해 나타나는 경건한 성품은 큰 일에서도 나타나지만 작은 일 가운데서도 나타나야 하는 것이다.

우리 삶에 대한 하나님의 뜻을 발견하는 가장 좋은 방법은 하나님의 뜻을 이리저리 찾아다니는 것이 아니라 우리가 현재 있는 자리에서 충성을 다하는 것이다. 하나님을 위한 큰 일에 부르심을 받았다고 말하는 그리스도인들이 많이 있다. 그렇지만 그들 중 대부분은 '큰 일'을 시작하려고 기다리는 동안 아무 일도 하지 않는다. '부르심'을 받은 일보다 '못한' 일은 하려 들지 않기 때문이다. 하지만 이것은 하나님의 길이 아니다. 하나님은 작은 일에 충성하는 것부터 시작하기를 원하신다.

하나님은 지위를 보장하시고 또 백성에 대한 사역을 약속하셨지만, 그 약속들이 즉시 성취된 적은 없다. 어떤 사역이나 지위가 맡겨지기 전에 하나님은 그 사람의 성품을 훈련시키신다.

만일 우리가 아이들을 위한 사역에 부르심을 받았다고 생각한다면, 그런 사역이 필요한 곳에서부터 시작하면 된다. 주일학교가 시작되기 한 시간 전에 와서 공부하는 곳이 깨끗한지, 의자가 똑바로 놓였는지 살펴볼 수 있다. 깨끗하지 않다면 의자를 밀어놓고 바닥을 닦으면 어떨까? 월요 기도모임이나 그 주간에 있을 다른 교회 행사에 늦지 않게 참석해 보라. 이렇게 하면서 하나님의 뜻을 알기 위한 걸음을 한 걸음씩 내디딜 수 있다. 그리하여 언제나 쓰임 받는 종이 되는 것이다.

하나님은 장래에 우리를 쓰시기 위해 지금 우리가 훈련받기를 원하신다. 견고하고 강인하며 한결같고 책임감 있는 사람이 되기를 바라신다. 이와 같은 것들은 대개 지역 교회에서 가장 잘 배울 수 있다. 단지 바다를 건너갔다고 해서 유능한 선교사가 되는 것은 아니다. 고향에서 할 수 없다면 어디를 가도 할 수 없다.

현재 우리가 맡은 직임이 있는가? 개선할 필요가 있는 관계는 없는가? 하나님은 우리가 삶의 현장 속에서 일하는 가운데 큰 일을 준비하기 원하신다. 주님을 위한 더 많은 일을 하기 위해 다음과 같은 세 가지 부분에서 충성된 사람이 될 수 있도록 시간을 가지고 기도하라.

작은 일에 충성된 자

만약 우리가 하나님이 맡기신 작은 일에 충성한다면 앞으로는 더 큰 일을 우리에게 맡기실 것이다. 마태복음 25장에서 예수님은 달란트 비유를 들어 말씀하신다. 어떤 주인이 멀리 여행을 떠나기 전에 자기 종들에게 각각 돈을 맡겼다. 모두 똑같은 액수의 돈을 받은 것은 아니다. 능력과 기술에 따라 그 수준이 달랐던 것이다. 주인은 돌아와 종들에게 자기가 나눠 준 돈으로 무엇을 했는지 물어보았다. 처음 두 명의 종들은 그 돈을 지혜롭게 사용하여 두 배나 남겼다. 그러나 세 번째 종은 그 돈을 땅에 묻어두었다가 주인이 준 그 액수만을 다시 가지고 왔다.

예수님께서는 다음과 같이 재미있는 결론을 내리고 있다. "무릇 있는 자는 받아 풍족하게 되고 없는 자는 그 있는 것까지 빼앗기리라"(마 25:29).

새 자동차를 사게 되면 전에 타던 것보다는 더 잘 다루어야겠다고 생각한다. 그러나 머지않아 전에 쓰던 자동차처럼 다루고 있는 것을 발견하게 된다. 왜 그런가? 자동차는 바뀌었지만 사람은 바뀌지 않은 것이다. 만약 자동차를 잘 관리하는 사람이라면 새 자동차를 다루는 데에 아무런 문제가 없을 것이다. 이와 마찬가지로 대개의 사람들이 십일조의 원칙은 알고 있으면서도 개인적으로는 십일조를 드리지 않는다. 왜냐하면 십일조를 드릴 만큼 넉넉한 재정 형편이 아니라고 생각하기 때문이다. 그러나 지금 당신이 갖고 있는 것부터 증명해 보아라. 그러면 하나님은 더 많은 것으로 당신에게 맡기실 것이다. 만일 '충분한' 돈이 되기까지 기다린다면 우리는 결코 십일조를 드리지 못할 것이다. 우리는 하나님이 우리에게 이미 맡겨 주신 것에 충성하는 법을 배우는 사람이 되어야 한다.

물질에 충성된 자

"지극히 작은 것에 충성된 자는 큰 것에도 충성되고 지극히 작은 것에 불의한 자는 큰 것에도 불의하니라 너희가 만일 불의한 재물에 충성치 아니하면 누가 참된 것으로 너희에게 맡기겠느냐"(눅 16:10-11).

예수님은 영적 은사의 참된 부요함을 누리기 전에 물질적인 것에 있어서 충성된 사람인지 우리 스스로 증명해야 한다고 하신다. 재물에 충성된 사람에게 영적 직무가 맡겨지는 것이다. 재물이 무엇인가? 글자 그대로 번역하면 '돈'이라는 뜻이고 특별히 '돈으로 살 수 있는 모든 물질'을 가리킨다.

재물에 충성된 자인가? 어떤 사람은 돈이 '세상적인 것'이기 때문에 하나님 나라에서는 중요하지 않은 것으로 믿고 있다. 그러나 대개의 경우 돈은 제자의 삶을 나타내는 하나의 시금석이다. 따라서 우리는 물질적인 소유를 가지고 선한 청지기로 살아야 한다. 제때에 지불해야 할 것을 지불하고 있는지, 또 철저하게 양심적으로 세금을 내고 있는지…. 이 모든 삶의 모습이 곧 하나님 나라에서 더 큰 직임과 책임을 맡을 수 있는 사람인지 점검하는 하나님의 시험인 것이다. 우리가 재물을 어떻게 다루는지는 하나님이 그의 나라에서 우리를 어떻게 사용하실지를 결정한다.

남의 것에 충성된 자

"너희가 만일 남의 것에 충성치 아니하면 누가 너희의 것을 너희에게 주겠느냐"(눅 16:12).

대개 하나님의 뜻이라고 하면 영적인 것으로 생각하기 쉽지만 위의 말씀을 살펴보면 매우 실제적인 것을 다루고 있음을 알 수 있다. 당신은 다른 사람의 소유물을 어떻게 대하는가? 물건을 빌려 와서는 다시 돌려 주지 않는가? 남의 물건을 쓸 때 함부로 다루지는 않는가? 받는 급여에 합당하게 일하고 있는가? 아니면 일을 게을리하고 고용주가 자리에 있을 때만 열심히 일하는가? 능력껏 최선을 다해 일하고 있는가? 아니면 언제나 자기 멋대로인가? 이런 일에 대해서 충성스럽지 못하다면 하나님은 우리에게 더 큰 임무와 권위를 주지 않으신다.

오늘날 세계에서 가장 유명한 목회자와 영적 지도자들이 처음부터 드러나는 사역을 한 것은 아니었다. 이들은 다른 사람의 밑에서부터 일을 하고 그들의 비전이 이루어지도록 섬겼다. 이들은 자신을 증명해 보인 것이다. 임무를 맡아서 완벽

하게 해낼 수 있다는 것이 입증되었던 것이다. 계속해서 이렇게 섬길 때 시간이 흐름에 따라 인정을 받게 되었고 좀더 큰 권위를 얻게 되었다. 나는 이것이 성경적인 본이라고 믿는다. 즉, '남의 포도원을 돌봐' 주고 다른 사람의 비전과 부르심을 옆에서 섬겨줌으로써 자신을 훈련시킨다면 하나님은 아주 흡족하게 당신의 것을 맡기실 것이다.

요셉의 삶은 이와 같은 이치를 잘 보여 주고 있다. 하나님은 요셉에게 꿈을 통해 형들이 그를 섬기게 될 것을 보여 주셨다. 그러나 요셉은 그 약속이 성취되기 전에 수많은 과정을 겪으면서 그의 성품이 닦여야 했다. 요셉은 애굽의 감옥에서 과거에 자신이 저지른 잘못을 반성할 수 있는 오랜 시간을 갖게 되었을 것이다. 요셉이 감옥에 있던 시간 동안 하나님은 요셉을 연단하시고 준비시키셔서 마침내 그가 충성된 자가 되었을 때 보다 큰 권위와 일을 맡기셨다. 요셉이 감옥에서 충성을 다했던 일 즉, 사람을 보살피고 물질을 관리하던 일이 이제 국가적인 차원으로 크게 확대된 사실을 주목하라. 그의 신실함으로 말미암아 급기야 약속은 성취되어 형들이 그 앞에 무릎을 꿇고 경배하며 그를 섬겼다(창 37-47).

사울 왕도 하나님께 약속을 받은 사람이었다. 우리는 종종 사울 왕을 '나쁜 사람'으로 간주하면서 그가 하나님께 왕이라는 지위를 받았던 사람이라는 사실조차 잊어버린다. 사울 왕의 문제는 그의 성품이 하나님이 주신 권위를 사용하기에 합당하지 않았다는 데 있다. 회복할 수 있는 기회가 여러 번 주어졌지만 그럴 때마다 사울 왕은 거절하였고 마침내 하나님은 사울 왕에게 주셨던 권위와 힘과 축복을 빼앗아 가셨다.

대개의 사람들은 자기에게 어떤 지위가 주어지기만 한다면 하나님이 원하시는 모든 것을 잘 해낼 수 있을 것이라고 생각한다. 그러나 사울 왕의 예에서 보듯이 결코 그렇지 않다. 어느 정도 지위에 오르고 권위를 갖게 되더라도 성품의 문제로 도리어 혼란이 일어날 수 있다. 따라서 우리가 어떤 사역을 추구하기에 앞서 이와 같은 성품의 문제부터 다루어야 한다. 이렇게 함으로써 수많은 심적 고통과 수치감을 미연에 방지할 수 있는 것이다.

한편 사울과 달리 다윗은 하나님이 자기를 왕으로 부르신 줄은 알았지만 왕위를 획득하려고 애쓰지는 않았다. 다윗은 하나님이 왕권을 주시리라고 믿었던 것이다. 몇 번에 걸쳐 다윗은 사울을 죽이고 하나님이 약속하신 왕권을 가질 수 있는 기회가 있었다. 그러나 다윗은 그렇게 하지 않았다. 그가 원했던 것은 하나님의 방법대로 하나님의 때에 왕이 되는 것이었다. 마침내 다윗의 인내와 충성됨으로 말미암아 약속은 성취되었다.

하나님이 우리에게 약속을 주셨다고 해서 그 약속이 다른 사람을 강압하는 빌미가 되어서는 결코 안 된다. 하나님은 그분의 때에 그분의 말씀을 이루실 것이다. 그러나 제일 먼저 오는 것은 연단과 믿음을 증명하는 과정이다. 따라서 이런 과정을 생략한 채 빨리 나아가려고 노력해서는 안 된다. 하나님은 다음과 같은 고백을 듣기 원하신다. "주님의 방법대로 하겠습니다. 주님이 하신 약속이기 때문에 주님이 이루실 줄을 믿습니다."

하나님이 선교사로 부르신 줄은 알지만 배우자가 전혀 관심조차 없다면 어떻게 하겠는가? 혹은 가족을 부양해야 할 책임이 있는데 어떻게 하면 좋을까? 하나님이 약속하신 것을 체념해야 할까? 아니다. 하나님이 우리를 부르셨다면 상황에 관계없이 우리를 사용하실 것이다. 물론 순탄한 여건에서는 더 많은 일을 할 수 있겠지만 비록 현재의 상황에서 우리가 하는 일이 보잘것없다 할지라도 하나님은 우리가 성실한 자세로 임하기를 원하신다. 내가 가려는 선교지에서 온 그 민족 사람들이 혹시 부근에 살고 있을 수도 있다. 그러면 우리는 그곳에 있는 교회에 다니며 심방하고 전도하는 일에 참여할 수 있고, 혹은 언어 학교에 들어가 그들의 언어를 배울 수도 있다. 이렇게 우리의 충성된 모습을 하나님이 보시면 우리에게 역사하셔서 해외 선교를 가로막고 있던 환경들을 바꿔주실 수 있다. 주어진 환경 속에서 오히려 더 잘 준비할 수 있는 것이다.

10년 전 마크(Mark)는 중국 선교를 위해 부르심을 받았다고 믿었다. 당시에는 서구인이 혼자 중국에 선교하러 간다는 것은 매우 어려운 일이었다. 그렇지만 마크는 하나님을 의지했고 실제적인 준비를 시작했다. 도서관에 가서 중국어 회화 테이프를 빌려와 언어를 배우기 시작했다. 중국인의 생활에 관한 책은 도서관에서 전부 읽었다.

5, 6년 전쯤 중국의 문이 열렸을 때 마크는 이미 준비가 끝난 상태였다. 마크는 중국 정부에 제2외국어로 영어를 가르칠 수 있는 강사직을 신청했다. 그는 정부의 허락을 받아 지방으로 갔다. 마크는 지금도 중국에 있으면서 성경공부를 위해 자유로이 학생 기숙사에 드나든다. 이러한 노력 끝에 많은 학생들이 예수 그리스도와 인격적인 관계를 맺게 되었다. 만약 마크가 하나님의 말씀에 충성도, 준비도 하지 않았더라면

그는 오늘날 중국에서 사역할 수 없었을 것이다.

충성이란 마치 문짝의 돌쩌귀와도 같다. 돌쩌귀는 극히 미미한 것에 불과하지만 그것이 없이는 어떠한 거대한 문도 열리지 않는다. 하나님이 지금 우리에게 말씀하신 모든 것에 충성을 다하는 것은 하나님이 장래에 문을 활짝 여실 수 있도록 그 문의 돌쩌귀를 마련하는 것이다. 충성은 하나님 나라에서 가장 높이 받드는 덕목이다.

각자의 성격과 재능을 고려하신다

Discovering Your Destiny

은사를 주신 분이 사용도 하신다.

그리스도인 중에는 내가 일종의 '순교자 콤플렉스'라고 부르는 증상을 가진 사람들이 있다. 이들은 하나님이 언제나 자기가 가장 싫어하는 것을 억지로 시키신다고 생각한다. 만약 자신들이 따뜻한 기후를 좋아하면 하나님은 분명 자신들을 알래스카로 부르실 것이라는 것이다. 또 기계나 전기 부품 등을 가지고 일하기를 좋아하는 사람이라면, 전기 소켓도 없는 태평양의 어느 군도에서 일생을 보내도록 부름 받을 것이라고 생각한다.

우리는 이런 종류의 태도를 조심해야 한다. 마치 하나님을 '흥이나 깨는 심술쟁이'로 여기며 하나님의 성품을 잘못 이해하지 않도록 하기 위해서 말이다. 물론 하나님이 우리에게 별로 재미도 없고 좋아하지도 않는 어떤 것을 하도록 요구하실 때가 있을 수 있다. 그러나 하나님은 우리를 갖가지 모습으로 창조하셨기 때문에 일반적으로 특별한 사명을 맡기실 때에는 우리 각자의 성격과 재능을 세심히 고려하신다.

우리의 자질과 재능은 무엇인가? 하나님은 우리에게 어떤 특별한 사명을 맡기셨는가? 많은 사람들이 이런 질문에 대해 잘 대답하지 못한다. 왜냐하면 자신을 객관적으로 보는 것이 어렵기 때문이다. 때때로 우리는 스스로를 실제보다도 나은 사람이라고 생각한다. 아니면 반대로 우리의 장점과 능력을 과소평가하기도 한다.

다음에서 살펴보고자 하는 것은 우리 자신의 장점과 약점 그리고 재능과 자질이 무엇인지 파악하는 데 도움을 주기 위한 것이다. 우리는 하나님이 사용하기 원하시는 좀더 명확한 내 자신의 모습을 보게 될 것이다.

정직하게 자신을 평가하라

자신이 실제 가진 능력이나 자질과는 동떨어진 평가를 하는 사람들이 종종 있다. 우리는 최악의 목소리를 가진 성가대원이 가장 신나게 노래하거나 주일학교 교사로서 아이들과 교감하지 못해 아이들의 원성을 듣는 사람을 종종 보게 된다. 왜 그들은 그 일에 자신의 재능이 부족하다는 것을 알지 못하는 것일까?

사람들은 자신을 평가할 때 한쪽으로 치우치는 경향이 강하다. 자신의 능력을 과소평가하거나 아니면 과대평가하는 것이다. 양쪽 모두 잘못되기 쉽다. 성경은 마땅히 생각해야 할 그 이상의 생각을 품지 말라고 가르치고 있다. 그런데 오늘날 많은 그리스도인들은 그저 교회의 의자만 채울 뿐 아무 일도 하지 않는다. 자기에게 합당한 지위가 주어지지 않았다고 생각하기 때문이다. 이들은 자신의 능력을 과대평가하는 것이다. 자신이 인정받기만을 기다리면서 하나님이 주시는 기회를 놓쳐 버리는 중대한 실수를 범하고 있는 것이다.

반대로 우리는 또한 마땅히 생각해야 할 그 이하의 생각도 품지 말아야 한다. 많은 사람이 자기가 더 유능해지거나 더 많은 재능을 갖추기 전까지는 숨어서 기다린다. 그러나 재주와 재능은 드러내어야만 나타나는 것이고 꼭 필요한 일을 함으로써 개발되는 것이다. 하나님이 우리에게 주신 은사를 다른 사람 앞에서 부인한다고 해서 그것이 곧 겸손한 것은 아니다. 진정으로 덕을 갖춘 사람은 뒤로 빼지 않는다. 오히려 최선을 다해 성심껏 일할 것이다. 더 좋은 자리에서 유능하게 일하는 사람들을 부러워할 수도 있지만 하나님은 우리의 순종을 기뻐하신다. 우리가 적극적으로 일을 찾아 시작해 본다면 우리는 자신에 대한 새로운 면모를 발견한 것이며 자신의 능력과 자질을 보다 깊이 깨닫게 될 것이다.

다른 사람의 평가를 들으라

하나님이 우리 주위에 두신 여러 사람들은 마치 거울과도 같다. 충고를 통해 그리고 생각을 나눔으로써 우리의 재능과 장점이 무엇인지 알 수 있게 해준다. 우리가 어떤지에 대해 다른 사람의 의견에 지배되어서는 절대로 안 되지만, 다른 사람들의 의견이 우리의 장·단점을 평가하는 데 도움을 주는 것은 사실이다. 그러므로 다른 사람이 말하는 긍정적인 것과 부정적인 것 모두에게 귀를 기울이라. 극찬을 받은 일이 있다면 무슨 일을 했을 때 그랬는지 기록해 두고 다른 사람이 당신에게서 발견한 재능을 살펴보기 시작하라.

당신은 다른 사람의 말을 잘 귀담아듣는 사람인가? 다른 사람들이 자기 문제를 가지고 당신을 찾아오는가? 상담자 그룹에 참여하고 싶은 생각은 없었는가? 자신의 장·단점을 보다 확실히 알게 되었다면 자신의 장점이 어느 곳에서 가장 잘 쓰일 수 있는지 하나님께 구하라.

사람들이 우리의 약점을 지적할 때, 그것을 단지 중상모략으로만 여기지 마라. 비록 말하는 의도가 의심스럽더라도 그들이 본 것에는 진실된 면이 많을 수가 있다. 특히 똑같은 말이 여러 사람에게서 들려온다면 그들이 얘기하는 것을 가지고 주님께 기도하라. 그리고 나서 다른 사람을 찾아가 자신의 약점에 대해 의논하라. 혹 우리가 현재 하고 있는 일이 우리에게 어울리지 않는 일일 수도 있고 더 많은 열매와 성과를 거두기 위해 하나님이 다른 일로 옮기기를 바라시는 것인지도 모르지만, 하나님은 우리가 자신을 낮추고 자신의 약점을 인정하기를 원하신다.

한쪽으로 치우치지 않고 정확하게 자신을 바라보기 원한다면 우리 주위에 있는 사람들의 시각과 그들의 생각을 중요하게 여겨야 한다. 그리고 그들이 어떻게 보았는지 충분히 알고 싶다면 이들로부터 잘 귀담아들을 줄 알아야 한다. 그 후에 이 문제에 대하여 하나님께 가지고 나아가는 것이다.

하나님이 바라시는 사람이 되라

다른 사람의 영향을 받는 것은 중요하다. 그렇다고 해서 그 사람을 추종하고 모방하라는 말은 아니다. 하나님은 사람마다 제각기 다르게 창조하셨다. 따라서 우리가 다른 사람을 모방하는 데만 세월을 보낸다면 혹은 하나님이 바라지도 않으시는 사람으로 자신을 왜곡시킨다면 하나님을 모독하는 것이 된다. 우리는 각자 다양한 재능을 가지고 있어서 다른 사람을 모방하려 해도 할 수 없다. 과거에 일어난 하나님의 놀라운 대부흥의 역사 속에는 과감히 자신을 던진 사람들이 있었다.

지난 세기 동안 허드슨 테일러(Hudson Taylor)는 선교의 새로운 지평을 열었다. 대다수의 사람들에게 그의 생각은 급진적이고 받아들이기 어려운 것이었다. 그러나 이에 개의치 않고 허드슨 테일러는 오늘날 선교회 중 선구자 역할을 하는 중국내지선교회(China Inland Mission)를 세우고 그 기반을 닦았다. 만약 허드슨 테일러가 다른 사람이 자기에 대해 하는 말에 더 많은 신경을 썼더라면, 그는 그의 고향인 영국 해안 지방을 결코 떠나지 않았을 것이다. 자기가 하려는 일은 누구도 한 적이 없는 일이라는 두려움과 불신에서 벗어나 하나님이 그에게 바라시는 사람이 되었던 것이다. 즉, 현재 우리가 하고 있는 선교사역의 많은 부분을 개척한 선구자가 된 것이다.

구세군(The Salvation Army)의 창설자인 윌리엄 부스(William Booth)도 마찬가지다. 그는 19세기 영국의 사회적 병폐에 정면으로 도전함으로써 국가의 대세를 바꿔놓은 사람이었다. 비록 성공은 했지만 당시 윌리엄 부스가 취했던 방법은 다른 그리스도인들에게 많은 비난의 대상이 되었다. 그들은 부스가 너무 극단적이며 고지식하다고 생각했다. 그러나 만일 구세군이 없었더라면 오늘날 영국은 어디로 흘러갔겠는가?

하나님이 바라시는 사람이 되는 것은 항상 쉬운 일만은 아니다. 그렇지만 그 보상은 언제나 크다.

자신의 재능과 소원을 주의 깊게 살펴보라

사람들이 가끔 내게 와서 삶에 대한 인도를 구하며 도움을 청할 때마다 나는 이렇게 말한다. "자연스럽게 떠오르는 소원을 주의 깊게 살펴보세요. 즐거워서 하는 일이 무엇인가요? 당신이 좋아하는 것을 하세요!" 이 말을 들으면 어떤 사람들은 어리둥절해 하면서 그 말이 무슨 뜻인지 이해하지 못한다.

하나님은 우리 한 사람 한 사람을 창조하셨을 때 우리에게 뭔가 하고 싶어하는 소원과 성취할 수 있는 능력도 주셨기 때문에 우리가 하나님의 영광을 위하여 마음의 소원을 따라 행하기를 원하신다. 하나님이 우리에게 주신 재능과 은사들은 다만 우리를 조롱하기 위해 부여하신 것이 아니라는 말이다.

하나님이 원하시는 것이 무엇인지 알고자 애쓰는 중에도 우리는 명확하게 보이는 하나님의 뜻을 그냥 지나쳐 버릴 때가 있다. 이것은 나중에 예수님을 믿게 된 그리스도인들에게는 흔한 일이다. 과거에 이들은 죄악된 생활 방식을 좇아 살았기 때문에, 모든 욕망을 버리고 하나님 나라를 위해 쓰시고자 하나님이 주신 자연적인 은사 즉, 자신의 재능을 찾아보라고 하면 아주 어려워한다. 하나님의 나라 밖에서 우리에게 주어진 재능을 사용하면 안 된다는 말이 아니다. 사용할 수 있다. 그렇지만 먼저 우리의 재능을 거룩하게 구별하고 남을 섬기는 데 사용할 수 있도록 해야 한다.

스티브(Steve)는 록 음악에 심취한 젊은이였다. 그는 아주 뛰어난 기타 연주자였으나 그리스도인이 된 이후로 기타를 버리고 다시는 연주하지 않겠다는 서원까지 하였다. 연단의 세월이 흐른 뒤, 그는 기타를 치고 싶은 마음이 생겨 다시 연주를 시작했다. 지난 날 기타는 그의 생활에 큰 영향을 끼쳤기 때문에 그는 아주 조심했다.

스티브의 기도 속에서 하나님은 많은 것들을 보여 주셨다. 첫째는 각양 좋은 은사는 다 하나님에게서 오는 것이므로 하나님은 그 은사를 사용하기 원하신다는 것이었다. 둘째는 그의 음악적인 재능은 어떤 목적을 위해 주어졌는데, 이것을 미처 깨닫지 못하고 사용할 때에는 하나님이 계획하신 사람이 되지 못한다는 것이었다. 그리하여 스티브는 음악적인 재능이 하나님이 주신 축복이며, 한때 마귀를 위해 썼다고 해서 더 이상 하나님을 위해 쓸 수 없는 것은 아니라는 것을 알게 되었다. 하지만 음악을 멀리했던 시간은 그리스도 안에서 자신의 존재를 확립하는 시간이 되었다.

스티브는 다시 음악계로 진출했다. 그리고 유력한 그리스도인의 후원으로 그리스도를 효과적으로 증거하는 사역을 하게 되었다. 자연적인 은사에 하나님의 기름부으심이 더해져 가장 멋진 조화를 이루었다.

하나님은 각자에게 특별한 사명을 주셨는데 은사와 재능과 힘을 잘 파악할 때 비로소 하나님 나라에서 가장 적절한 섬김의 자리를 찾을 수 있다. 그러므로 당신의 마음에 있는 소원이 참으로 경건한지 분별해 보라. 그리고 주위 사람들과 나누면서 그들의 지혜로운 분별을 청하라. 무엇보다도 지속적으로 기도하라. 그것이 하나님이 주신 소원이라면 주님을 위해 당신의 재능을 사용하기 바란다. 무리하게 먼저 나서지 마라. 다만 섬길 수 있는 기회를 주시도록 하나님께 구하라.

남을 섬기는 일에 우리를 드릴 때마다, 또 하나님의 나라를 위해 주신 갖가지 재능과 은사를 드릴 때마다 하나님은 친히 우리를 그의 뜻 가운데로 인도하실 것이다. 하나님이 우리를 인도하신다. 이것이 하나님의 약속이다.

특별한 인도하심

♦

Discovering Your Destiny

양은 목자의 음성을 듣는다.

 우리는 모두 하나님께 이렇게 묻는다. "주님, 제가 어떻게 하기를 원하십니까?" 아마 어떤 독자는 하나님의 인도를 구하는 데 급급해 이 책의 다른 장들은 제쳐두고 이 장부터 펴서 읽어볼지 모르겠다. 그러나 앞서 언급한 내용들은 하나님의 인도를 구하는 데 요구되는 믿음의 기초를 놓는 것이니만큼 꼭 읽기 바란다. 상부 구조를 쌓기 전에 반드시 기초를 튼튼히 놓아야 하는 것이다. 상부 구조는 없어도 지낼 수 있지만 올바른 삶의 기초가 없이는 조금도 나아갈 수 없다.

 한 청년이 운전면허 시험을 보려고 했다. 면허 시험에 들어가기 전에 교관이 마지막 충고를 했다. "이보게, 도로 표지는 모두 준수해야 하네." 청년은 감독관과 함께 차 안으로 들어가 기다렸다. 잠시 후 감독관은 그에게 어떻게 시동을 거느냐고 물어보았다. 청년은 그 감독관이 해 주리라 생각하고 있었기 때문에 계속해서 기다렸다. 참다못한 감독관이 이렇게 말했다. "나와 장난이나 하자는 거라면 난 재미없네. 어서 시동을 걸든지 아니면 내리게." 청년은 놀란 표정을 지으면서 감독관에게 운전 교관이 모든 표지를 준수하라고 했다며 차시동을 걸라는 표지를 기다리고 있는 중이라고 하였다.

당신은 누가 그런 바보짓을 하겠느냐고 웃어넘길지도 모르겠다. 그렇지만 대개의 사람들이 한 번씩은 이런 짓을 한다. 우리는 다음에 무슨 일을 해야 할지 하늘에서 우렁찬 소리로 말씀하셨으면 하고 바란다. 만일 청년이 시동을 걸고 차를 몰고 나갔더라면 교관이 말했던 도로 표지를 곧 볼 수 있었을 것이다. 도로 표지를 보지 못했다 해서 그것이 차를 운전할 수 없는 이유가 되지는 않는다. 왜냐하면 도로 표지판에 표시되어 있지는 않지만 준수해야 할 교통법규도 있기 때문이다. 인생도 마찬가지다. 하나님이 아주 선명하게 인도하시는 것을 경험하는 때가 있는가 하면, 그리스도인의 생활 규범에 따라 단순히 살아가야 하는 때도 있다. 우리는 양쪽 다 경험하며 우리의 부르심을 이루는 것이다.

하나님의 음성을 듣는 법

성경은 우리가 들을 수 있는 세 가지 출처의 음성이 있다고 말한다. 즉 하나님의 음성과 사탄의 음성 그리고 우리 자신의 정욕에 의한 육신의 음성(또는 인간적인 소원이 있을 수 있는데 이것은 아무리 선할지라도 하나님의 최선이 될 수 없다)이다. 따라서 우리는 우리가 듣는 음성이 어떤 음성인지를 분별하고 깨달아야 한다.

삶의 요구가 따르는 것은 항상 피하라고 말하고 언제나 쉬운 길을 택하라고 권하는 음성이 있다면 그것은 분명 육신의 음성이다. 이러한 음성은 자기 멋대로 해도 좋으며, 순종해야 성취되는 하나님의 약속임에도 불구하고 순종은 제쳐두고 약속만 믿으라고 권한다. 물론 하나님은 우리 마음에 소원을 두고 행하신다고 약속하셨다. 그러나 우리 마음이 전적으로 하나님의 것이 된 다음에야 비로소 우리의 소원은 하나님의 뜻과 일치된다.

하나님의 인도하심이 필요할 때, 나는 하나님이 친히 인도해 달라고 구하며 주님을 의지하는 기도를 드린다. 그리고 주님이 인도해 주실 것이라는 믿음을 고백하고, 주님의 뜻을 아는 것을 방해하는 이기적인 욕망이나 선입견 등을 내려놓는 기도를 한다. 그리고 나서 사탄을 대적하는 기도를 하고 사탄의 궤계로부터 보호해 주시도록 하나님께 도움을 요청한다. 또한 믿는 자에게 주신 권세로 사탄을 묶는 기도를 하고 사탄의 세력과 모든 악한 길을 대적한다(약 4:7, 벧전 5:8-9, 엡 6:10-20).

우리는 불신과 두려움에 휩싸인 채 중대한 결정을 내려서는 안 되며 언제나 매우 신중하게 하나님을 구하며 기도해야 한다. 기도는 하나님과 교통하기 위한 하나님의 방법이다. 주님은 우리가 하나님을 구하기를 원하시며 우리의 생각과 소원을 주님과 함께 나누기를 원하신다. 기도는 하나님과 대화하는 것이므로 하나님께도 말씀하실 수 있는 기회를 드려야 한다. 묵상이나 성경공부 중에 기도하는 마음으로 조용히 있는 시간을 가짐으로써 하나님의 음성을 들을 수 있다. 하나님이 우리에게 말씀하신다는 확신을 가지고 기도하는가? 하나님이 우리에게 말씀하실 수 있다는 사실을 믿는가? 그렇다면 왜 주님이 말씀하시는 것을 기다리지 않는가?

한 번 기도해서 어떤 느낌을 받았다고 속단해서는 안 된다. 그와 같은 느낌은 영적 지도자와 상담하면서 하나님의 말씀에 비추어 보고 우리 마음속에 주시는 평화와 우리의 지·정·의를 사용하여 분별해야 한다.

나에게는 마음의 소원과 하나님의 소원이 일치하지 않았던 때가 여러 번 있었다. 1975년, 하나님이 암스테르담을 떠나 시골로 이사하기를 원하신다고 느꼈을 때 나는 가기 싫었다. 나는 캘리포니아 롱 비치(Long Beach)에서 자라났고 도시에서만 생활했기 때문에 계속 암스테르담에 머물기를 원했다. 시골은 일주일 정도 방문하기에는 알맞은 곳이지만 살고 싶은 생각은 없었다.

내 안에서는 '이것은 하나님의 뜻이야, 시골로 들어가라고 말씀하시는 거야' 라는 생각과 '나는 여기서 잘하고 있는걸! 밭에서 쭈그리고 앉아 있는 게 나나 다른 사람에게 좋을 게 뭐가 있겠어' 라는 생각이 격렬한 논쟁을 벌이고 있었다. 나는 의심과 두려움에 싸여 의욕마저 상실하게 되었는데, 이때 내 마음을 주님께 정직하게 보여 드렸다. 그리고 하나님의 눈으로 이 모든 것을 다시 보기 시작했다. 그리고 나서 하나님이 내게 원하시는 이사에 대해 나의 생각을 바꿨다. 그러자 내 마음속에 평화가 임하기 시작했고 우리의 사역 방향과 목적에 부합되는 결정이 어떤 것인지 알 수 있게 되었다.

하나님의 인도하심을 구할 때 우리가 가져야 할 태도는 무척이나 중요하다. 우리가 믿음과 겸손으로 하나님께 나아가면 하나님은 우리에게 말씀하신다. 그러나 마음속에 편견을 가지고 나아간다면 편견의 아비인 사탄의 음성을 듣기 쉽다. 성경은 사탄이 빛의 천사로 가장한다고 말한다. 사탄은 누가보더라도 명백한 죄로 우리를 유혹하기도 하지만 교묘한 술책을 사용하기도 한다.

하나님은 우리를 다그쳐가며 이거 해라 저거 해라 강요하지 않으신다. 하나님은 대개 반드시 해야 하는 결정에 대해 충분히 숙고할 수 있는 시간을 주시며 하나님이 요구하시는 것에 대하여 확신이 설 때까지 기다리신다. 반면에, 사탄은 충분히 숙고할 틈도 주지 않고 얼른 해치우라고 다그친다. 또한 하나님은 우리를 하나하나 지도하시며 인도하시는 데 비해 사탄은 몰아친다. 종종 다른 사람들도 그와 같이 한다. 그러므로 만일 어떤 일에 대해 시간을 가지고 생각해 보고 조언을 청할 겨를도 없다면, 혹은 기도할 새도 없을 만큼 몰아치는 듯한 느낌을 받는다면, 우리가 들은 음성이 누구의 음성인지 의심해 보아야 한다. 사탄이 좋아하지 않는 일 중의 한 가지는 바로 기도하는 것이다. "함부로 이 물건을 거룩하다 하여 서원하고 그 후에 살피면 그것이 그물이 되느니라"(잠 20:25).

또 사탄이 잘 쓰는 술책 중 하나는 혼란을 일으키는 것이다. 만일 어떤 일에 대해 확신이 서지 않는다면 당분간 기다리는 것이 좋다. 해도 좋은 일이라면 하나님은 분명히 다시 확인시켜 주실 것이다. 이와 같이 우리가 하나님의 뜻으로 믿고 이미 결정을 했음에도 혼란이 생긴다면 다시 확인시켜 주시도록 하나님께 구하면서 기다려야 한다.

하나님의 음성은 자유케 한다. 하나님이 우리에게 요구하시는 일이 아무리 어려워도 장래에 대한 소망과 확신을 주시는 것이 하나님의 음성이다. 하나님이 말씀하신 것을 다른 사람과 함께 나누는 것은 현명하지 못하다고 생각할지 모르지만, 주위에 성숙한 그리스도인으로 존경하는 사람이 있다면 그에게 나누는 것이 좋다. 다른 사람과 더불어 나눌 수 없는 이야기라면 분명 잘못된 것이다.

그러면 하나님이 그의 백성에게 말씀하시는 몇 가지 방법들에 대해 살펴보자.

하나님은 마음과 생각이 잠잠한 가운데 말씀하신다
하나님은 그의 명령을 지키는 사람들을 신임하시며 그들 마음이 잠잠한 가운데 말씀하신다. 그렇다고 해서 하나님을 어떤 틀로 고정시켜서는 안 된다. 하나님은 언제 어디서 어떻게 말씀하실 것인지 그분이 결정하시며 자유롭게 우리를 인도하신다.

한편 하나님은 모호하게 말씀하지 않으신다. 따라서 말씀하신 것을 깨닫기 위해 몇 주 동안 헤매지 않아도 된다. 하나님은 분명하고 정확하게 말씀하신다. 그러므로 하나님이 말씀하신 것인지 아닌지 확인하기 위해 그동안 일어난 사건과 주변 상황을 일일이 분석하며 따지는 일이 없도록 해야 한다. 항상 하나님은 우리를 인도하시는 하나의 방편으로 주변 상황을 사용하신다. 그렇지만 언제 그런 일이 있었는지 알아두면 될 뿐이지 그 상황을 찾아다닐 필요는 없다.

하나님은 우리 마음의 생각을 통해 말씀하신다. 기도하는 마음으로 주님께 구하면 주님은 우리 마음 가운데 여러 가지 생각을 심어 주실 것이다. 중요한 결정을 해야 한다면 결정하기 전에 그 일에 대해 미리 검토하는 것이 때로는 지혜로운 접근 방법이 된다. 이때는 성경적인 원리를 적용하고 또 일반적인 상식을 적용하여 검토하면 된다.

그러므로 중요한 결정을 내리기 전 거기에 관련된 모든 요소들을 적어 보는 것이 좋다. 가령 그 결정에 따라 누가 영향을 받게 되는지, 얼마나 오래 걸리겠는지, 어떤 변화가 생기는

지, 변화가 일어나는 요인은 무엇인지, 결국 어떤 것이 성취되는지 등등을 적어 보는 것이다. 그 후에 그 내용을 자세히 살펴보면서 중요도에 따라 순서를 정한다. 가장 중요한 것은 무엇인가? 왜 그런가?

이와 같은 검토 과정에 꼭 필요한 몇몇 '원리적인' 질문들은 다음과 같다.

- 하나님께 영광이 되는 일인가?
- 사람들에게 도움이 되는 일인가?
- 이것을 놓고 상담한 적이 있는가?
- 가까운 친구들도 포함한 일인가?
- 동기는 무엇인가?
- 순전한 마음으로 할 수 있는 일인가?
- 할 만한 가치가 있는가?
- 나와 교제하는 사람들과의 일치 속에서 할 수 있는가?
- 그 일을 하기에 알맞은 재능과 은사가 있는가?
- 지금이 그 일을 하기에 알맞은 시기인가?
- 이 결정이 기도하는 마음 가운데 생각한 인생의 목표와 일치하고 있는가?
- 다른 것에 대한 헌신을 침해하는 것은 아닌가?

양털

사사기 6장에는 기드온이 하나님께 이슬은 양털에만 내리고 나머지 땅은 마른 채 있게 해 달라고 한 이야기가 나온다. 다음날 밤에 기드온은 다시 하나님께 그 반대로 해 달라고 청한다. 양털은 남겨 두고 주위 마당만 이슬로 젖게 해 달라는 것이다. 기드온은 왜 그렇게 했는가? 하나님이 그에게 원하시는 바가 무엇이며 어느 때에 해야 하는지 알아야 했는데 이것은 그의 삶과 결부되어 있었다. 이때 기드온은 이스라엘을 이끌고 나가 미디안을 공략하려던 참이었다. 6장 전체를 읽어 보면 기드온은 그런 상황에 대한 하나님의 뜻이 무엇인지 이미 알고 있었는데, 그는 이를 확인하는 수단으로 양털을 사용한 것이다.

만일 우리도 하나님의 인도를 구하고자 할 때 '양털'을 사용한다면 그에 맞는 성경적인 상황이 존재할 것이다. 어떤 상황 속에서 이미 하나님의 뜻으로 드러나는 것이 있다. 양털은 그것을 확인하는 수단이다. 하나님의 새로운 인도를 구하고자 그 방법을 사용한 것이 아니었다. 이것은 하나님의 뜻을 발견하는 데 그리 힘들지 않는 편한 방법이나 속성 분별법이 결코 아니다. 이런 식으로 주님께 구한다면 그것은 믿음이 없거나 가르침이 없었다는 것을 반증해 주는 것이다. 하나님은 우리가 성숙한 지혜를 사용해서 성경적인 원칙에 따라 결정하거나 우리의 마음과 생각 안에서 직접 하나님의 음성을 들음으로써 결정하기를 원하신다.

어떤 대학생은 등교길에 차를 몰고 가자면 몇 번의 신호등을 거쳐야 하는데 아침에 등교하면서 가끔 이렇게 기도했다고 한다. "하나님, 제가 오늘 학교에 가는 것이 주님의 뜻이라면 파란 신호등이 나오게 해 주십시오. 만약 빨간 신호등이 나오면 테니스를 치러 가라고 하시는 것으로 믿겠습니다." 이것은 성경에서 말하는 '양털' 이 아니다.

재정 공급

재정 공급은 하나님의 뜻을 확인하는 또 다른 방법이다. 우리가 새로운 계획을 세웠는데 그것을 충당할 만한 재정이 공급되지 않는다면 하나님이 그 계획을 기뻐하지 않으시는지 생각해 보아야 한다. 그러나 재정 공급은 하나님의 뜻을 확인하는 하나의 방법일 뿐이지 그 자체가 하나님의 인도는 아니다. 따라서 우리는 인도하심을 구할 때 돈을 바라보는 것이 아니라 주님을 바라보아야 한다.

처음으로 예수전도단과 함께 해외 전도여행을 떠난 곳은 자메이카(Jamaica)였다. 전도여행에 대해 아버지와 의논했는데 그때 아버지는 가고 싶어하는 마음은 좋지만 '내' 믿음과 '아버지'의 재정 후원으로 가는 것은 아니라고 분명하게 말씀하셨다. 나중에 믿음이 성장한 다음에 나는 아버지의 말씀이 얼마나 현명한 충고였는지 깨닫게 되었다.

아버지에게 말씀드린 후 내 마음에는 한 말씀이 떠올랐다. "네가 할 수 있는 일을 하면 하나님이 네가 할 수 없는 일을 하신다." 그래서 나는 할 수 있는 한 돈을 모으기 시작했다. 친구들과 함께 폐품을 모아다 차고 앞에서 팔기도 하고 농구대회 우승 트로피를 팔려고 내놓기도 하였다. 아무도 빛 바랜 트로피를 좋아하지 않았지만, 내가 이렇게라도 일을 하자 하나님은 내가 필요로 하는 만큼의 돈을 채워주기 시작하셨다. 어떤 분은 수백 달러나 되는 동전으로 가득 찬 구두상자를 선물로 주셨다. 그것은 그가 종업원으로 일하면서 팁으로 받은 돈이었다.

그 당시 하나님이 나를 가장 낮추셨던 것은 교회 친구인 커밍스(R.T. Cummings)가 매월 받는 상해 배상금을 수표로 끊어주었을 때였다. 그것은 다음달 커밍스 식구들이 먹고 살아야 하는 돈이었다. 나는 처음에는 거절했다. 그러자 커밍스는 내가 떠나는 것에 대한 믿음이 있다면 자기는 남아 있는 것에 대한 믿음이 있다고 말하면서 이렇게 덧붙였다. "나도 너처럼 하나님을 신뢰할 수 있어."

로스앤젤레스(Los Angeles)에서 버스를 탈 때 내게는 마이애미(Miami)까지 갈 수 있는 돈이 있었다. 나는 그곳까지 여행해야 했는데 만일 주님이 나머지 재정만 채워 주시면 그 길로 자메이카로 떠날 수 있었다.

텍사스(Texas)의 어느 버스 정류장에서 나는 아버지에게 전화를 했는데 아버지는 그곳에 사는 어느 믿지 않는 친척 한 분을 꼭 방문해 보라고 했다. 아버지는 그 친척에게 나의 이번 여행에 대해 말씀해 두셨던 것이었다. 그러나 여행 경비에 대한 말은 일절 하지 않았다. 아버지는 그 친척이 나의 여행 경비를 도와주는 데는 아무 관심도 없을 것이라고 말씀하셨지만 놀랍게도 그분은 나에게 수표 한 장을 끊어 주었다. 더 놀라운 사실은 그 돈은 필요한 나머지 여비와 전도여행비의 액수와 똑같았다는 것이다. 나의 마음은 경이감에 휩싸인 채 자메이카로 떠났다. 나는 하나님의 뜻 가운데 있었다는 것을 알았다. 하나님이 나를 대신하여 일을 하셨던 것이다.

그때 나는 믿음뿐만 아니라 교제를 통해서도 나의 필요가 채워진다는 것을 배웠다. 하나님은 나에게 역사하셨을 뿐만 아니라 희생적인 친구 커밍스에게도 역사하셔서 음식과 의복과 돈을 공급해 주셨다. 커밍스의 가족은 내가 떠나 있던 기간

동안 전혀 부족함 없이 지냈다고 한다. 지금까지 재정에 대한 수많은 시련이 있었지만 당시 십대 소년으로서 처음 떠난 해외 전도여행에서 제일 먼저 배운 것은 우리가 믿음으로 발을 내딛는다면 하나님이 공급해 주신다는 것이었다. 내가 발을 내디딘 것은 나의 분수에 넘친 일이 아니었다. 나는 하나님이 전도여행에 참가하기를 원하신다는 것을 알았다. 그리고 나는 내가 할 수 있는 일을 했다. 하나님의 공급하심은 내게 있어서 참으로 하나님의 뜻을 확인하는 것이 되었다.

성경 말씀

하나님은 특별히 성경을 사용하여 말씀하시는 때가 있다. 우리가 매일 읽는 성경을 통해 우리 상황에 대하여 말씀하실 수 있고 혹은 기도 중에 우리 마음 가운데 특별히 떠오르는 성경 말씀을 통해 말씀하신다. 그러나 특별한 상황 속에서 우리에게 주신 그 말씀의 의미를 잘못 해석하지 않도록 주의해야 한다. 하나님은 상황을 초월하여 말씀하시기도 하지만 그렇다고 해서 성경 해석의 원칙을 무시해서는 안 된다.

평화

하나님은 항상 하나님의 뜻을 행하는 사람의 마음 가운데 평화를 주신다. 하나님이 임재하시는 곳에는 평화도 임한다. 그러므로 우리가 어떤 문제로 기도하고 생각할 때에는 아무리 어려운 역경이 있더라도 확신 가운데 올바른 결정을 할 수 있도록 평화를 주신다.

꿈과 환상

하나님은 또한 꿈과 환상을 통해 우리에게 말씀하신다. 하지만 이것 역시 이미 우리가 하나님의 뜻으로 믿는 바에 대한 하나의 확인일 따름이다. 그것이 만일 새로운 인도하심을 나타내는 것이라면 우리는 다른 확인을 구할 필요가 있다. 꿈과 환상의 세계는 매우 주관적이다. 따라서 우리가 주의하지 않으면 사탄이 와서 혼란을 일으킬 수도 있다.

제프(Jeff)는 예수전도단 내에서 특별한 사역을 하도록 하나님이 부르셨다고 믿었다. 그는 자기가 어떻게 부르심을 받았는지 설명하는 편지를 선교부로 보내면서 지원서를 요청했다. 몇 주가 지났건만 아무 응답이 없었다. 그러던 어느 날 제프는 꿈을 꾸었다. 꿈 속에서 제프는 그가 들어가길 희망하는 선교부에서 온 편지를 받았는데, 신청서를 동봉하지만 당분간 선교부에 들어올 수 있는 자리가 없다는 편지였다. 그리고 계속 꿈꾸는 중에 제프는 내일 선교부에서 보낸 편지를 받을 것이며 그렇게 신경쓸 일은 아니라는 음성과 신청서를 작성

해서 인편으로 선교부에 부치게 될 것이라는 또 하나의 음성을 들었다.

다음날 아침이 되자 정말 그 선교부로터 편지가 왔다. 서둘러서 편지를 뜯어 보니 그 안에는 그가 꿈에서 본 그대로 씌어진 편지가 있었다. 거기에는 수용 능력에 문제가 있으므로 신입 간사를 받아들일 수 없다고 적혀 있었다. 제프의 친구들은 제프가 거절당했음에도 기뻐하는 것을 보고 이해를 하지 못했다. 친구들은 그 편지가 하나님의 뜻에 대한 확인이라는 사실을 미처 알지 못했던 것이다. 그것은 제프가 그 선교부의 일원이 되리라는 것이었다. 제프는 신청서를 작성해 주님이 지시하신 대로 행했다. 3주 후 제프는 선교부의 간사가 되었고 지금도 예수전도단에서 사역하고 있다. 그 꿈은 제프에게 하나님의 인도하심이 얼마나 정확한지 확인하기 위한 것이었으며 하나님의 인도를 따르려는 그에게 용기를 주기 위한 것이었다.

인도를 받을 때 주의할 사항

1. 인생의 청사진을 세우지 마라. 세밀한 계획이나 사업에서 안정감과 방향을 찾지 말고 오직 예수님 안에서 찾도록 하라. 우리에게 필요한 것은 안내자이지 노선도가 아니다. 예수님

이 바로 우리의 안내자가 되신다.

2. 장래에 대한 하나님의 뜻을 알기 위해서는 먼저 현재 알고 있는 진리의 말씀에 순종하라.

3. 무엇을 해야 하는지 잘 보이지 않는 때가 있다. 종종 하나님은 우리가 과연 하나님을 신뢰하고 믿음 안에서 행하는 사람인지 시험해 보신다.

4. 하나님께 강요하거나 어떤 시한을 정해서는 안 된다.

5. 시간이 계속될 때 하나님이 이전에 하신 말씀을 의심하지 마라. 영적인 암흑의 시간이 지속될 때 하나님이 과거에 빛 가운데서 보여 주신 것을 떠나지 마라.

6. 교만하면 안 된다. 그리고 이렇게 말하지 마라. "이것이 하나님의 뜻이 아니라면 지금까지 하나님의 음성을 잘못 들은 게지." 우리는 다 실수할 수 있다. 그러므로 잘못을 인정하는 넉넉한 마음을 가져라. 이것이 우리를 보호하는 최상의 길이다.

7. 의로운 목적을 위해 불의한 방법을 쓰지 마라. 하나님을 섬기기 위해 좋은 성적을 얻으려고 부정 행위를 하는 것은 하나님의 뜻이 아니다.

8. 성(性)적인 것과 성(聖)스러운 것을 혼동하지 마라. 우리는 자주 이런 말을 듣는다. "하나님은 그 사람이 나와 결혼할

사람이라고 말씀하셨어." 그런데 그것이 하나님의 뜻이 아닌 경우가 얼마나 흔한가?

9. '시류'(時流:movement)와 '시기'(時期:moment)를 혼동하지 마라. 하나님의 일과 함께 하나님의 때를 구하라.

10. 지나치게 영적인 사람이 되지 마라. 하나님의 음성을 듣는 데 열린 사람이라면 또한 실제적인 사람이 되도록 하라. 하나님이 말씀하셨다면 그분의 음성을 다른 경건한 사람들을 통해 확인시켜 주실 것이다.

11. 독립적인 행동을 취하지 마라. 다른 사람에 대해 책임을 지는 사람이 되라.

12. 영적인 것을 장황하게 늘어놓는 사람이 되지 마라. 하나님의 뜻에 대한 당신의 생각을 이야기할 때에는 지혜롭고 실질적인 대화만 하도록 하라. 하나님의 인도하심에 대하여 나눌 때 일상적인 표현과 용어를 사용하는 것이 좋다. 그렇지 않고 하나님이 말씀하신 것을 그냥 선포해 버린다면 교만해지기 쉬울 뿐만 아니라 다른 지체들이 의논하거나 나눌 수 없게 된다. 하나님이 말씀하신 것이라며 호언장담하는 사람에게는 반대되는 말을 하기 어렵다. 또 이런 사람은 상담 받기도 싫어할 것이다. 이런 사람들은 고립되어 꼭 필요한 상담과 조언을 듣지 못한다.

아직 성취되지 않은 약속

분명히 하나님의 약속을 받았지만 아직까지 이루어지지 않았다면 어떻게 하겠는가?

성경에서 어떤 일에 대한 약속이 이루어지기까지는 엄청난 시간이 걸리는 것을 볼 수 있다. 실제로 거기에는 어떤 공식 같은 것이 있는 듯하다. 곧 '약속+준비=성취'의 공식과 같다는 것이다. 하나님이 우리에게 약속을 주신 다음에는 우리가 그 약속을 받을 수 있도록 우리를 준비시키신다. 성경에 나오는 위대한 인물들을 연구해 보면 이와 같은 진리를 엿볼 수 있다. 하나님이 노아에게 홍수에 대하여 말씀하셨지만 그로부터 실제 홍수가 일어나기까지는 엄청난 시간이 걸렸다. 하지만 홍수에 대한 예고와 방주를 만들면 온 가족이 구원을 얻으리라는 약속을 믿고 노아는 순종하여 필요한 작업을 마쳤다. 그리고 그 약속은 성취되었다.

예수님은 베드로에게 '반석'이 될 것이라고 말씀하셨다. 그러나 그 약속이 성취되기까지는 많은 준비가 필요했다. 이와 마찬가지로 나머지 제자들도 하나님이 약속하셨던 것을 보기까지는 3년 반이라는 준비 기간이 필요했다. 이처럼 우리도 하나님의 약속을 받았다면 그 약속을 지킬 준비를 하면서 주님께 기도로 나아가야 할 것이다.

하나님의 뜻과 때에 대한 또 다른 관점이 있다. 그것은 하나님의 기회를 기다리는 것이다. 대학 시절, 나는 농구를 했는데 당시 시합에서 우리의 상대였던 플로리다 대학팀 선수 중 한 명이 미국 대표 선수로 뽑혔다기에 그를 보고 싶어했다. 그는 생각과는 달리 아주 작았기에 대수롭지 않게 여겼다. 그러나 시합을 하면서 그의 빠른 발놀림과 적시적소에서 공을 가지고 팀을 이끌어 나가는 능력이 그를 유명한 선수로 만들었다는 것을 알았다.

하나님은 우리가 그 농구 선수처럼 되기를 원하신다. 성령이 역사하실 때 영적으로 깨어서 정확한 시간에 정확한 곳에 있기를 바라시는 것이다. 하나님의 인도하심을 구할 때는 정확히 해야 할 일과 언제 그것을 해야 할지 정확한 때를 분별해야 한다. 하나님은 우리 마음 가운데 어떤 계획이나 소원을 주기도 하시지만, 그것을 당장 해야 하는 것으로 해석해서는 안 된다. 하나님은 생각하고 의논하고 마음 가운데 떠오르는 것을 충분히 분별할 수 있는 시간을 갖기를 원하신다.

마음을 열고 순종할 때

Discovering Your Destiny

범사에 그를 인정하라 그리하면 네 길을 지도하시리라.

　국제적으로 잘 알려진 어느 성경교사가 우리 단체에 와서 사역한 적이 있다. 그는 어떤 모임에서 어떤 젊은 부부에게 하나님이 주신 몇 가지 특별한 말씀을 전한 일을 나눈 적이 있었다. 그 젊은 부부는 그녀의 말이 다소 혼란스러웠던지 예배가 끝난 다음 그녀를 찾아가 이야기를 좀더 나누자고 했다. "우리에게 말씀하신 것을 도저히 이해하지 못하겠어요." 나는 그녀의 반응을 유심히 살펴보았는데 그녀는 방어적인 태도를 취하지 않고 도리어 아주 상냥하게 대답하는 것이었다. "나는 여러분께 이 말을 해야겠다고 강하게 느껴서 나눈 것입니다. 그러나 제가 틀릴 수도 있습니다. 전에도 저는 틀린 경험이 있습니다. 주님께 기도하여 응답을 구해 보세요. 만일 그 말씀이 주님에게서 온 것이라면 다른 방법으로 다시 확신을 심어 주실 테니까요. 만일 그렇지 않다면 사과드립니다."

　이 이야기를 들으면서 나는 이런 생각이 들었다. '이분은 실수에 대해 두려워하지 않는 의연한 사람이다. 하나님의 말씀은 조금도 거짓이 없다고 믿는 자매구나.' 그 후로 그녀의 사역에 대한 신뢰와 찬사는 더욱 높아져갔다. 우리 모두는 실수할 때가 있다. 그러나 실수를 인정하는 사람은 자신의 체면보다 하나님을 더 경외하는 사람인 것이다.

지도자가 아무리 잘 알고 신뢰할 만해도 우리를 대신해서 모든 결정을 내릴 수는 없다. 우리가 인도받는 일에 대해서는 우리가 하나님 앞에 책임이 있다. 따라서 그 책임을 가볍게 여긴다든지 아예 무시해 버리고 다른 사람이 대신 결정하도록 하는 것은 매우 위험하고 어리석기 짝이 없는 것이다.

하나님은 때로 우리를 안내하는 사람으로 혹은 하나님이 말씀하신 것을 확인하는 통로로 지도자를 사용하신다. 하나님의 음성을 들었다며 어서 행동에 옮기라고 다그치는 지도자는 경계해야 한다. 다른 사람이 우리의 판단력과 직관을 무시해 버리고 어떤 일을 강요하는 일은 절대로 허용해서는 안 된다. 하나님이 우리를 주목하고 계신다. 따라서 어느 누구도 하나님을 대신하도록 해서는 안 된다. 그렇지 않다면 결과는 파괴적일 수밖에 없다.

각종 사교의 사슬에 노예처럼 묶여 지내는 사람들의 비극적인 삶이 이를 잘 말해 주고 있다. 이들은 자신의 개인적인 자유와 책임을 이른바 신령한 진리를 매점매석하고 있는 사람들에게 전적으로 넘겨 주고 있다. 점차 시간이 흐를수록 이들은 명료하게 생각할 수 있는 사고력도 상실하고 스스로 결정할 수 있는 능력도 잃어버리게 된다. 인간적인 '신'이 먹여 주는 가짜 신령한 말씀에 빠져 정신적으로 불구자가 되는 것이다. 이는 하나님이 원하시는 것이 아니다. 우리의 지·정·의를 창조하신 분은 하나님이다. 하나님은 우리가 스스로 우리의 지·정·의를 사용하기 원하신다.

하나님이 이렇게 말씀하신다. "오라, 우리가 서로 변론하자"(사 1:18). 하나님은 우리가 생각할 수 있는 능력까지 하나님께 모두 바친 채 노예처럼 속박되어 주님을 섬기기를 원하시는 분이 아니다. "우리가 변론하자"라고 말씀하신 것은 참으로 하나님이 의로우신지, 우리의 충성을 드리기에 합당한 분인지 가서 보고 깨달아서 주님을 섬기라고 하시는 것이다. 이것을 하나님은 원하신다.

특별한 인도함을 받을 때 하나님의 음성을 듣는다는 것이 꼭 영적으로 성숙하다거나 하나님의 인정을 받는다는 것을 의미하는 것은 아니다. 오히려 성경에는 고집 세고 완고한 사람들을 인도하기 위해 한 눈에 드러나는 계시가 있었음을 종종 볼 수 있다.

발람과 나귀의 경우가 그렇다. 나귀는 발람보다도 먼저 천사를 보았다. 천사는 발람에게 마지막 경고를 하기 위해 나타났지만 경고보다는 죽이려 했다고 말하면서 발락을 만나거든 무슨 말을 해야 하는지 특별히 지시할 테니 그대로 말하라고 했다. 하나님이 독보적인 방법으로 발람에게 지시하신 이유는 그의 영적 수준이 높아서가 아니었다. 단지 그가 거역했기 때문이었다.

마찬가지로 다메섹으로 가던 사울은 환상을 보고 일시적으로 눈이 멀게 되었다. 우리는 바울을 하나님의 위대한 사람이라고 생각한다. 그러나 처음부터 그렇게 성숙한 사람은 아니었다. 스데반이 돌에 맞아 죽었을 때 현장에 있었던 사람으로 그리스도인들을 매우 미워하던 자였다. 하나님은 그가 의롭기 때문에 선택하신 것이 아니다. 도리어 불의한 자였기 때문에 변화시키기 위해 그렇게 하였다.

한편 성경에는 하나님이 영적으로 성숙한 사람들에게 특별한 사명을 맡기기 위해 인도하시는 사례들도 많다. 사도행전에는 특별히 이와 같은 인도하심을 많이 볼 수 있다. 마게도니아를 향한 바울의 부르심이나 베드로가 부정한 음식에 대한 환상을 보고 고넬료의 가정을 방문하게 된 것이 그렇다.

하나님의 인도하심은 때로는 하나님이 그 결정을 인정하신다는 확인일 때도 있고 때로는 하나님의 훈계와 교훈을 담고 있기도 하다. 우리는 하나님이 어떤 방법으로 인도해 주시도록 강요할 수 없다는 사실을 명심해야 한다. 또한 남보다도 더 놀랍고 신기한 방법으로 인도함을 받는 사람들을 영웅처럼 받드는 것은 조심해야 한다.

인도함을 받는 가장 훌륭한 방법

"나의 방패는 마음이 정직한 자를 구원하시는 하나님께 있도다"(시 7:10).

인도함을 받는 데에는 여러 가지 함정이 있다. 우리는 갖가지 방법들을 시도해 보면서 실패를 경험하기도 한다. 그러나 거기에 문제가 있다. 인도함을 받는 것은 일종의 점괘나 미래를 알고 싶을 때마다 두드리는 도깨비 방망이가 아니기 때문이다. 그것은 아주 구체적인 문제에 대하여 하나님이 우리에게 말씀하시는 단순한 의사소통인 것이다. 우리 삶에 대한 하나님의 뜻은 대개 성경에 이미 계시되어 있다. 따라서 이 책의 주된 목적은 인도함을 받는 다양한 방법을 소개하는 데 있는 것이 아니라 하나님이 우리에게 말씀하시는 여러 가지 방법을 보여줌으로써 하나님이 언제 어느 때 역사하시는지 알 수 있게 하는 데 있는 것이다.

인도함을 받는 가장 훌륭한 '방법'이 있다면 하나님을 위해 전심전력을 다해 사는 것이다. 이렇게만 산다면 우리는 하나님이 어떻게 인도하시는지 가장 확실히 알 수 있다. 진심으로 하나님을 찾으면 하나님은 우리를 찾아오신다. 하나님은 우리가 성숙하기를 원하실 뿐만 아니라 또한 하나님의 뜻을 알 수 있게 되기를 바라신다. 그러므로 가장 중요한 것은 하나님께 우리의 열린 마음과 순종을 드리는 것이다.

우리는 모든 인생 속에서 하나님의 인도를 필요로 한다. 따라서 하나님이 지금과는 다른 어떤 길로 인도하시기로 작정하셨다면 우리는 기꺼이 따라야만 한다. 정지된 것보다는 움직이고 있는 것이 방향 바꾸기가 한층 더 쉽다. 자동차를 닦고 있는 아이에게 심부름을 보내는 것이 아무 일도 하지 않고 빈둥거리는 아이를 심부름 보내는 것보다 훨씬 더 쉽다. 마찬가지로 하나님의 음성을 듣고자 열심을 내면서 동시에 하나님을 기쁘시게 하기 위하여 최선을 다해 일한다면 우리는 한층 더 쉽게 주님의 음성을 듣고 이에 응답할 수 있는 것이다.

"너는 마음을 다하여 여호와를 의뢰하고 네 명철을 의지하지 말라 너는 범사에 그를 인정하라 그리하면 네 길을 지도하시리라"(잠 3:5-6).

우리는 지금까지 그리스도인의 삶에는 일반적인 인도와 특별한 인도가 있다는 것을 살펴보았다. 또 한쪽이 무시된 채 다른 쪽을 강조해서는 안 된다는 것도 알게 되었다. 나는 그리스도인의 삶과 인도함을 받는 것에 대해 다음과 같이 생각한다.

내가 인도의 마드라스(Madras), 제국로(Imperial Road) 270번지에 사는 친구로부터 초대를 받았다고 하자. 내가 그 초대를 받아 들이기로 했다면 제일 먼저 해야 할 일은 나가서 제국로가 있는 마드라스의 지도를 사는 것이 아니라 인도행 비행기를 예약하는 것이다. 인도를 가야만 마드라스를 갈 수 있는 것이고, 마드라스를 가기만 하면 제국로를 찾을 수 있다. 이렇게 해서 제국로에 도착하면 친구가 사는 270번지를 찾을 수 있는 것이다.

우리 그리스도인의 삶은 여행과 같다. 여행 목적지를 확인할 때 큰 지역부터 보지 못하고 세세한 부분에만 초점을 맞춘다면 목적지를 찾아가기 어려울 것이다. 제국로 270번지가 인도의 마드라스에 있는 것과 마찬가지로 세세한 부분은 다 큰 지역 안에 있다. 내가 마드라스에 가지 않는다면 제국로의 세세한 사항이 적혀 있는 시가 지도는 내게 별 소용이 없다. 우리는 앞으로 10년 동안 내가 어디에 있고 무엇을 할 것인지 알고 싶어한다. 그렇지만 우리는 오늘 우리가 살고 있는 현실 속에서 살아가야 한다. 사람의 안정감은 인격적인 관계에 있는 것이지 계획에 있는 것이 아니다. 하나님이 인도하시는 방향으로 움직여 보라. 그러면서 보다 더 세세한 방향을 하나님께 묻고 들으라.

우리의 최종적인 부르심을 알든 모르든 여행은 첫걸음부터 시작한다. 어떤 부르심이든 중요한 것은 행동이다. 그리고 우리를 인도하시는 유일하신 분인 예수 그리스도께 우리의 시선을 고정시키는 것이다.

우리의 최종 목적지가 항상 분명한 것은 아니라 하더라도 하나님이 우리가 여행 중에 어떻게 행동하기 원하시는지는 언제나 명확하다. 그리고 하나님의 사랑과 우리를 인도하시는 하나님의 신실하심에 대하여 우리는 전적으로 신뢰할 수 있다. 주 예수 그리스도께 언제나 우리의 마음을 열어 놓는 한 말이다. 우리는 살아계신 하나님의 자녀다. 하나님은 우리가 어떻게 살아야 하는지 성경에 아주 명료하게 설명해 놓으셨다. 그러므로 그리스도인으로서 우리의 삶이 올바른 방향을 향하고 있는지 맨 앞장에서 제시한 하나님의 여러 가지 뜻을 다시 보면서 자주 점검해 보기 바란다. 하나님은 우리 인생에 대한 계획을 가지고 계신다. 따라서 우리가 행동하기만 한다면 하나님은 그 계획 속에서 우리를 인도하실 것이다.

"나 여호와가 말하노라 너희를 향한 나의 생각은 내가 아나니 재앙이 아니라 곧 평안이요 너희 장래에 소망을 주려 하는 생각이라"(렘 29:11).

당신의 부르심은 무엇인가? (개정판)

지은이	플로이드 맥클랑
옮긴이	예수전도단

1992년 6월 10일 1판 1쇄 펴냄
2002년 11월 20일 개정판 1쇄 펴냄
2015년 9월 14일 개정판 13쇄 펴냄

펴낸곳	도서출판 예수전도단
출판 등록	1989년 2월 24일(제2-761호)
주소	경기도 고양시 일산동구 호수로 340-11, 301호(백석동)
전화	031-901-9812 · **팩스** 031-908-9986
전자우편	publ@ywam.co.kr
홈페이지	www.ywampubl.com

ISBN 89-5536-133-5
책값은 뒤표지에 있습니다.

본 저작물의 한국어판 소유권은 도서출판 예수전도단에 있습니다.
잘못된 책은 바꾸어 드립니다.